Andrea Wechsler
„Fremdgefahren“

Erzählungen vom Trampen durch Bulgarien

Andrea Wechsler

„Fremdgefahren“

Erzählungen vom Trampen durch Bulgarien

Re Di Roma-Verlag

Bibliografische Information der Deutschen Nationalbibliothek:
Die Deutsche Nationalbibliothek verzeichnet diese Publikation in der Deutschen Nationalbibliografie; detaillierte bibliografische Daten sind im Internet über http://dnb.ddb.de abrufbar.

ISBN 978-3-86870-453-2

Umschlagillustration: chris-up / photocase.com

www.rediroma-verlag.de
11,95 Euro (D)

Für alle, die damals - wie wir - mit gehobenem Daumen im Staub bulgarischer Straßen standen und den Außenrand des damaligen Käfigs per Anhalter erkundeten.
Und für alle, die auch heute noch trampend unterwegs sind.

Inhaltsverzeichnis

On the road – Das Fließband bewegt sich

Straßen ziehen sich wie Sehnen durch die Landschaft. Straßen sind in der Lage, Entfernungen gleichzeitig auf- und abzuwickeln. Die vor uns liegende Distanz wird scheinbar auf eine Rolle gespult und verkürzt, die hinter uns liegende im selben Moment ausgerollt und verlängert.

An einem der letzten Tage im Juli 1983 hatte ich vor, die bulgarische Schwarzmeerküste zu verlassen, um mich auf den Weg ins 400 Kilometer weiter westlich gelegene Sofia zu begeben. Der Tag war gekommen, an dem ich mich, wie abgemacht, mit Babette und Franziska in Sofia treffen wollte. Der Altersdurchschnitt unseres Trios betrug gerade mal 17,6. Ich war mit meinen 19 Jahren die Älteste und hatte von Babettes Eltern vollen Ernstes den „Auftrag“ bekommen, auf die beiden noch nicht Volljährigen unterwegs „aufzupassen“.

Am Morgen packte ich meine Sachen zusammen. Ich verständigte mich mit meinem rechten Arm über seine Bereitschaft, die sich fließbandartig von Ost nach West bewegenden Fahrzeuge in waagerechter Position am Straßenrand zu stoppen. Und er war dazu bereit.

Ich war allein und wollte mich fremden Menschen anvertrauen, um mich von ihnen bis zum Endpunkt Sofia regelrecht durchreichen zu lassen.

Unseren ersten Treff hatten Franziska, Babette und ich für 19 Uhr auf dem Zentralen Bahnhof in Sofia geplant, den nächsten drei Stunden später.

Ich ließ die zwei Wochen, die ich mit meinen Eltern am Meer verbracht hatte, hinter mir zurück. Ich schloss diese Zeit buchstäblich ab, griff gierig nach der Morgensonne, wanderte noch ein Stück die vor Hitze flimmernde Landstraße entlang, und in mir brummte rhythmisch der Gedanke: Dies ist der Anfang, dies ist der Anfang. Mit der linken Hand winkte ich dem, was hinter mir lag: meinen Eltern, mit der rechten dem Kommenden: dem nächsten Fahrzeug.

Ein kleiner, weißer Bus verlangsamte seine Geschwindigkeit, blinkte und hielt. Als Zwischenziel gab ich souverän die Hafenstadt Burgas an. Dort erst begann die Magistrale nach Sofia. Zuvor musste ich die Küste 70 km in Richtung Norden entlang fahren. Das Bild der Karte hatte ich fest vor Augen. Ich kannte die wichtigsten Städte, durch die ich unterwegs kommen würde.

Der kleine Bus war mit drei Männern besetzt, die nach Arkutino, einem etwa zehn Kilometer entfernten Ort an der Küste fuhren. Ich reichte mein Gepäck hoch, kletterte nach oben, und sie fuhren los.

Sie erkundigten sich nach meiner Nationalität, wunderten sich, dass ich allein durch das Land fuhr und fragten, ob ich mich nicht fürchte. Ich sagte „Nein“. In der festen Überzeugung, dass sich ein Fürchtender nie auf eine solche Reise begeben würde. Schließlich war es mein Entschluss gewesen, per Anhalter zu fahren und natürlich wusste ich, dass dieses Unternehmen einer morastigen Gegend glich, in der man ganz unerwartet einsacken konnte. Aber das andere Gefühl, das ich nicht anders als „Anti-Angst“ bezeichnen kann, überwog.

Wir überquerten den Ropotamo. Die drei Männer setzten mich an einer Kurve ab. Ich nahm meine Kraxe von der Schulter und wischte mir den Schweiß von der Stirn. Die Sonne brannte herunter, als wolle sie mich knusprig brutzeln. Der Blick auf das schäumende Meer war offen, und ich hätte viel dafür gegeben, mich faul an den Strand zu legen und zu baden. Aber ich wollte weiter. Immer weiter.

Ein junger Mann in einem Skoda kam auf mich zugefahren, schüttelte den Kopf – und… hielt. In Bulgarien entspricht das

Kopfschütteln schließlich einer Bejahung. Das Auto war gefüllt mit Musik. Der Mann wollte Richtung Burgas fahren, und ich konnte einsteigen. Wir kamen auf Russisch ins Gespräch, während wir den blauen Küstenstreifen abfuhren. Zuerst dachte ich, er führe nach Burgas. Zdravko stammte jedoch aus Haskovo in der Nähe der türkischen Grenze und wollte mich davon überzeugen, dass die Strecke über diese Stadt kürzer sei. Vor uns erschienen die weißen Hochhäuser von Burgas, und ich ließ mich allmählich dazu überreden, doch über die Landstraßen bis Haskovo zu fahren. Von dort konnte ich auf der E 5N nach Plovdiv gelangen.

Wir ließen Burgas rechts liegen und bogen in Richtung Harmanli ab. Zdravko begann mich von der Seite zu beobachten und meinte, ich sähe wie eine Amerikanerin aus Hollywood aus.

„Du liebst die Freiheit, nicht?“, fragte er und ich nickte (womit ich entgegen bulgarischen Gepflogenheiten bejahen wollte). Ab und zu legte er seinen rechten Arm um meinen Hals und lächelte mich an, was mich zwar nicht sehr störte, aber noch in Unkenntnis der in Bulgarien typischen Verhaltensweisen gegenüber Tramperinnen recht wunderte.

Wir fuhren durch unbekannte Dörfer, und die Kilometerangaben für Haskovo rutschten langsam unter die Hundert. Nach einer Weile machte er mir, fast noch scherzhaft, das Angebot, mich bis Sofia zu fahren. Meine Reaktion war für einen Tramper paradox. Ich schlug es ab, denn es drängte mich, neue Menschen kennen zu lernen. So wäre es mir zu bequem gewesen.

Allmählich tauchten wir in eine karge Gebirgsgegend ein. In steilen Serpentinen wanden wir uns in die Höhe. Zdravko hielt plötzlich am Waldrand, nahm mir den Kassettenrekorder vom

Schoß und den Hut vom Kopf und wiederholte mit glänzenden Augen:

„Schönes Mädchen, amerikanische Schauspielerin." Dann beugte er sich zu mir herüber, küsste mich und strich mir über den Oberkörper, während er flüsterte: „Fürchte dich nicht, warum fürchtest du dich? Fünf Minuten nur, komm hier in den Wald!"

So entspann sich ein Streitgespräch, eine Art Tauziehen, zwischen „Ich will nicht" und „Ich will". Mindestens zehn Minuten dauerte diese Konversation.

„Fahren Sie weiter", bat ich. Zdravko stieg ein und erfüllte meine Bitte. Aber schon nach wenigen Kilometern hielt er wieder, versuchte es abermals. Doch eine Entführung in den Wald gelang ihm nicht. Die Strafe für meine Hartnäckigkeit folgte aufs Wort. Er fuhr mit beleidigtem Gesichtsausdruck los, sagte, ich wäre ein kleines Mädchen, das nur Angst habe. Er sprach von Gefahren beim Autostopp, von Vergewaltigungen in Bulgarien und lenkte somit vortrefflich von sich selbst ab. Auch seinen Wunsch, in Haskovo bei ihm Mittag zu essen, erfüllte ich ihm nicht. Ich hatte viel Zeit wegen seines Parkens am Waldrand verloren und ärgerte mich über den Umweg über Haskovo, jene Stadt, die schon so südlich lag, dass ich die rundlichen Rhodopen erblicken konnte.

Zdravko zeigte mir ein Bild von seiner Frau, die ihren Urlaub in Varna verbrachte.

„Warum fahrt ihr getrennt?", wollte ich wissen.

„Wir lieben die Freiheit, wie du sie liebst", war die Antwort.

Für meine Begriffe vermischte er hier zwei völlig verschiedene Dinge miteinander.

Zdravko ließ Haskovo seitlich liegen und fuhr zur Gärtnerei seines Vaters. Flink kletterte er über den Zaun, holte Tomaten und Aprikosen, die er mengenmäßig kaum fort tragen konnte und stopfte sie mit strahlendem Gesicht in meine, an der Kraxe angebundenen Wanderschuhe. Den Rest drückte er mir in die Hände, die vor Obst und Gemüse nun buchstäblich überquollen.

„Ich fahre dich noch bis zur Straße, dort geht es nach Plovdiv", meinte er fürsorglich. Bald bog er in eine Parkstelle ein und hielt. Wir tauschten unsere Adressen aus. Mit einem Kuss verabschiedete er sich und fuhr davon.

Zwei Zigeunerjungen, die auf einem Fahrrad herum torkelten, fragten mich neugierig: „Ist das dein Liebling?"

„Nein, Autostopp", erwiderte ich unpassend und unsere Gesprächsfetzen fuhren aneinander vorbei. Tomaten- und aprikosenbeladen trabte ich voran, während mich die beiden Zigeunerjungen auf ihren Fahrrädern beobachteten. Anscheinend konnten sie ihren Blick von so einem komischen Kauz mit schwarzem Filzhut und Kraxe, der hier mit fremden PKWs und LKWs reiste, nicht lösen.

Ich versuchte, den nächsten Fernlaster zu stoppen, während ich die Jungen, die noch einmal vorbei radelten, nach der Zeit fragte und erfuhr, dass es schon 13 Uhr sei. Plötzlich kreischte einer der Jungen und zeigte nach vorn: Der große Laster hatte etwa einhundert Meter weiter vorn gehalten. Ich rannte vor. Diese Laufstrecken zu den haltenden Fahrzeugen ähnelten immer wahrhaften Sprintstrecken, auf denen ich innerlich jubelte und den Namen der nächsten Stadt auf den Lippen hatte, um ihn beim Aufreißen der schweren Türen dem neuen Gesicht entgegen zu schleudern.

Der Fahrer des Fernlasters öffnete die Tür selbst. Ein gebräuntes, runzliges Gesicht schaute von oben zu mir herunter. Ich blinzelte gegen die Sonne und rief:

„Sofia".

„Plovdiv“ war seine Antwort. Ein Wort, das genügte. Ich reichte ihm zuerst die Tomaten hoch. Dann schob er die Kraxe in die Schlafkabine, und ich kletterte nach oben. Die Tür klappte zu, er fuhr los. Er war mir sympathischer als Zdravko, da er mir zum einen nicht zu nah kommen konnte (der Bau einer Fernfahrerkabine ließ das nicht zu) - und zum anderen war er ein eingefleischter „Fernfahrer“, der auf den Straßen zwischen dem Iran und Mitteleuropa herum ritt. Und er war gerade auf dem Rückweg aus dem Iran. Ich fühlte mich auf dem hohen Sitz wie auf einem Thron, der mich die Straße nach Plovdiv entlang trug. Sein Name war Nasko, und er war in der Nähe von Plovdiv zu Hause. Nach einiger Zeit hielt er an einer Raststätte, um mich zum Mittagessen einzuladen. Ich schaute nach dem Stand der Sonne. Es musste gegen zwei sein.

Riesige Fernlaster aus Großbritannien und Frankreich mit der Aufschrift „Globetrotter“ standen auf dem Parkplatz. Nasko meinte, er wolle mich in Plovdiv einem Kollegen übergeben, der nach Sofia führe. Immerhin waren es noch 200 Kilometer, und ich hatte nicht mehr viel Zeit, um bis zum Abend da zu sein.

Wir fuhren auf der E5N weiter, bis wir nach Plovdiv kamen und mit unserem großen Container durch die verstopften Straßen krochen. Schließlich hielt Nasko am Ortsausgang, öffnete die Tür und schaute nach dem Kollegen, der anscheinend hinter uns fuhr. Aber es klappte nicht so, wie er sich es gedacht hatte. Niemand fuhr nach Sofia und so entschied ich, mich selbst wieder an die Straße zu stellen.

„Bleib noch kurz sitzen“, meinte Nasko. Er lächelte mir zu, griff in seine Schlafkabine und holte einen durchsichtigen Beutel hervor. Im ersten Moment erkannte ich nicht viel.

„Bikini“, sagte er und schob mir den Beutel zu.

„Aus Istanbul“. Es waren Schlüpfer, die mit englischen Wochentagen bedruckt waren: „Monday, Tuesday…“. Eine ganze Woche im Slip-Format. Ich begriff nur langsam. Es war ein Geschenk, das mich verwirrte. Nasko umarmte mich, ich dankte ihm vielmals und stieg aus. Auf meinem Sitz blieben die Tomaten liegen, die ich ohnehin nicht mehr fort tragen konnte. Ich winkte. Er wendete und fuhr ab.

Wieder stand ich an der Straße. Internationale LKWs rasten an mir vorbei. Ich winkte ihnen zu, während sie an mir vorbei schnaubten. Sie hupten und lachten. Und ich - gehüllt in eine süßliche Duftwolke, die den Feigenbäumen in einem angrenzenden Garten entstieg - wartete schon wieder auf den nächsten Menschen und sein Fahrzeug,

Es war eine kleine Karre mit einem muffligen Fahrer, der ständig irgendetwas auf Bulgarisch zu mir herüber brummte.

Die Sonne brannte durch das Fenster, und ihre Strahlen wurden von meinem schwarzen Hut aufgesogen. Doch so heiß es auch war, ich setzte ihn nicht ab. Er gehörte einfach zu meinen Tramptouren.

Zwanzig Kilometer wollte er mich fahren, bis nach Pazardshik. Er fuhr und fuhr, und schließlich gelangten wir auf die Autobahn, dem Endpunkt jeder Trampmöglichkeit, wo er mich einfach absetzte.

Da stand ich nun neben dem fetten, weißen Streifen, und an mir rasten Menschen in ihren Autos vorbei, ohne mich eines Blickes zu würdigen. Ein paarmal winkte ich, merkte aber bald, dass bei diesen Geschwindigkeiten sowieso keiner halten würde.

Zweihundert Meter weiter, unter einer Autobahnbrücke, erblickte ich einen parkenden LKW mit mehreren Bauern in orangefarbener Arbeitskleidung, die gerade dabei waren, Heu oder Gras vom Straßenrand auf den LKW zu schaufeln. Ich grüßte, schaute zu einem der Männer hoch und bekam unvermittelt eine Fuhre Gras über den Kopf geworfen, da sie mich wohl nicht gesehen hatten. Sie gestikulierten mit ihren sonnengebräunten, verwitterten Händen, und ich entnahm ihren Worten, dass sie mich zwölf Kilometer mitnehmen würden. Der Wind wehte so stark, dass ich meinen Hut vom Kopf nehmen musste. Ohne lange zu zögern stieg ich mit ihnen auf die Ladefläche, und wir fuhren auf dem offenen LKW los. Der Wind riss mein Haar waagerecht nach vorn, so dass ich nur noch zwischen den einzelnen Haarsträhnen die Gesichter der Männer erkannte. Wir mussten uns gegenseitig anschreien, um einander zu verstehen. Ihr Russisch war bruchstückhaft, aber immerhin verstanden sie, woher ich kam und wohin ich wollte. Das reichte, was interessierte mehr. Woher und Wohin, darum drehte sich alles. Ich strich, so gut ich konnte, die Haargardine aus meinen Augen, während sie das Tempo kräftig erhöhten. Autos überholten uns, hupten. Während ich eine Gurke hervor holte und sie anknabberte, schleuderte mir der Wind die Haare vor das Gesicht, und die uns überholenden Fahrer schauten lachend zu mir herauf. Alles war ein einziges Flattern, Brummen und Schreien. Der Wind schnitt in die Augen, die ich kaum noch öffnen konnte.

Um ehrlich zu sein, wusste ich überhaupt nicht mehr, wo ich mich befand. Zwar war ich die Strecke im letzten Jahr bereits in die andere Richtung gefahren, aber an eine Autobahn konnte ich mich keinesfalls erinnern.

Ich schaute auf die Uhr eines Bauern. 16.45 Uhr – ich konnte es kaum glauben – die Sonne stand noch so hoch. Auf der einen Seite sah ich die Rhodopen liegen und konnte mich entsinnen, dass es vor einem Jahr in der Gegend von Septemvri genauso ausgesehen hatte. Langsam begann ich zu befürchten, dass die Autobahn parallel zur Europastraße führe und ich deshalb irgendwie - wohl quer über die Felder- wieder zu ihr gelangen musste.

Die Bauern stiegen ab, winkten, und ich fuhr alleine auf dem LKW weiter. Noch zehn Kilometer, wie mir versprochen worden war. Aber im Endeffekt half es mir nichts, denn ich musste auf die Landstraße zurück. Als der Fahrer anhielt, holte ich die Karte hervor und erklärte, dass ich nun doch irgendwie nach Septemvri müsse.

Er zeigte mit seinem verwitterten Finger in die Richtung, die ich vermutet hatte. „Vinogrady" – über die Weinberge. Bis dahin konnte er mich fahren, denn er selbst kam aus der Umgebung von Septemvri. Ich saß wie auf Kohlen. Der 19-Uhr-Treff auf dem Sofioter Bahnhof war nicht mehr zu schaffen.

Wir fuhren von der Autobahn ab, durch Gegenden, die mir völlig unbekannt waren, vorbei an Weinbergen und Feldern. In einem Dorf, 14 Kilometer vor Septemvri, setzte er mich ab.

Ich stand wie hin gepflanzt an der kleinen holprigen Dorfstraße und konnte mir an den Fingern abzählen, wie viele Fahrzeuge noch vorbei kommen würden.

Der Nächste, der mich mitnahm, war ein älterer Mann in einem Lada. Ich erklärte ihm, dass ich zum Bahnhof Septemvri wollte. Von dort aus konnte ich mich besser orientieren und erinnerte mich genau, wie man zur Europastraße gelangen würde. Ich fitzte mich zum Bahnhof durch. Frauen, die in ihren Gärten saßen, grüßten und fragten mich immer wieder:

„Warum so allein? So allein?"

Die Straße führte als Hochstraße über die Eisenbahnlinie, und schon wenige Meter weiter wartete das nächste Fahrzeug auf mich. Ich hörte Glocken läuten, es war 18 Uhr. Einige Arbeiter montieren am Motor eines kleinen Busses herum, und als ich an ihnen vorbei ging, fragten sie mich neugierig aufblickend, wohin ich wolle.

„Ein paar Minuten, wir fahren in die Richtung.“ Sie stiegen ein, nahmen eine Flasche Rotwein mit, die sie während der Fahrt herum reichten. Auch sie wunderten sich über mich, über mein Aussehen und mein Unternehmen.

Nun war ich auf meiner „alten“ Strecke. Die Männer fuhren bis nach Belovo - einem kleinen Nest, 90 Kilometer vor Septemvri.

Langsam überfiel mich die Müdigkeit. Nie hatte ich erwartet, dass diese Strecke so zerstückelt würde. Wie anders wäre es auf der Hauptmagistrale gewesen, oder wenn Zdravko mich weiter gefahren hätte. Doch ich bereute nichts, sondern ging vorwärts und stoppte einen Lada, in dem zwei dubiose Männer saßen.

Neben dem Fahrer saß ein Dicker. Angeheitert wie er war, drehte er sich ständig zu mir herum und schlug mir, kurz nachdem ich eingestiegen war, begeistert auf die Schenkel.

„Hey, Andriana!“ Er feixte und sah mich mit verschwommenen Augen an. Als ich ihm erzählte, dass ich am Abend mit meinen Freundinnen noch nach Simitli wollte, hatte ich mir meine Nervensäge selbst gebastelt. Ab diesem Moment wiederholte er ständig:

„Ich fahre euch nach Simitli. Simitli. Simitli.“

Und ich winkte ab. „Ja, ja“.

Es war gegen sieben, und ich stellte mir vor, wie Babette und Franziska den „Zentralna Gara“, den Sofioter Hauptbahnhof, betreten und auf mich warten würden.

Wir hielten an einer Gaststätte, aber es gab nichts mehr zu essen, und wir verließen das Lokal um weiter zufahren. Doch dazu kamen wir nicht sofort. Denn am Auto warteten zwei Polizisten und fragten nach dem Gepäck im Fahrzeug. Die beiden zeigten auf mich. Mich überfiel das Gefühl einer Verfolgten. Vielleicht war es mein Aussehen, das sie Verdacht schöpfen ließ - ich musste mein Visum zeigen. Mit gesenkten Köpfen standen der Fahrer und der Dicke neben mir. Die Polizisten fragten mich nach dem Stempel der bulgarischen Grenzkontrolle, der anscheinend fehlte. Mit anderen Worten, sie wollten wir einreden, ich wäre schwarz über die Grenze gekommen. Sie begriffen nichts von Transit, nichts vom Stempel bei der Ausreise. Anscheinend langweilten sie sich und wollten sich wichtig tun. Nach einigem Hin und Her ließen sie uns jedoch einfach weiter fahren.

„Polizija kaputt“, griente der Dicke und schlug mir wieder auf die Schenkel.

„Polizija kaputt“, antwortete ich, und als Zustimmung schlug ich ihm laut lachend auf die Schulter. Noch eine Weile wurden wir verfolgt, bis unser Fahrer beschleunigte und auf die Autobahn raste. Der Dicke und ich schauten nach hinten, und wir konnten unsere Verfolger nicht mehr sehen.

„Simitli“, fing er wieder an, und ich griff mir genervt an den Kopf. Was wollten die beiden eigentlich in Sofia? Sicher hatten sie vor, mich zum Bahnhof zu bringen und mit mir auf Babette und Franziska zu warten.

Die hohen Berge, die Sofia wie ein Bilderrahmen umgaben, erschienen vor uns. Die Sonne ging unter, und wir ließen uns auf der Autobahn allmählich hinunter fallen. Wir rollten, rollten, in das große Lichtermeer, das mir entgegen blinkte, dessen einzelne Lichter die Berge hochgeklettert waren und im Tal wie prickelndes Soda-Wasser vibrierten.

Am „Zentralna Gara“ suchten sie eine Parklücke und stellten ihr Auto ab. Tatsächlich hatte es den Anschein, als ob sie unserem Treff beiwohnen wollten. Waren sie am Ende nur deshalb bis hierher gefahren?

Die Bahnhofsuhr zeigte zehn vor zehn, und ich betrat die mir schon vertraute Wartehalle. Babette, Franziska und ich hatten vereinbart, uns an der großen Anzeigetafel zu treffen. Das Problem war nur, es gab zwei dieser Tafeln. Der Dicke und der Fahrer standen etwas verloren herum, und passten auf mein Gepäck auf, während meine müden Augen die hin und her strömende Menschenmasse nach Babette und Franziska absuchten. Einige Male kehrte ich zu den beiden zurück.

Der Dicke sah mich mit traurigen Hundeaugen an und meinte wieder: „Du und ich Simitli“. Er wollte mir bei der Suche helfen, und ich beschrieb ihm Babette. Wie aufgedreht rannte ich von einer Anzeigetafel zur anderen. Es war schon 22 Uhr, und ich war besorgt. So konnte ich mir beim besten Willen auf einmal nicht mehr vorstellen, nach diesen langen Touren an einem kleinen Punkt wie geplant zusammen zu treffen.

Männer redeten mich an, einer riss mir den Hut vom Kopf, gab ihn mir kurz darauf zurück. Ich war müde und gleichzeitig aufgedreht, vollgestopft mit Erlebnissen, Gesichtern, Gesprächen, die sich zu einem Knäuel verwickelt hatten. Und dann sah ich eine Sekunde lang vor der Anzeigetafel Babettes Gesicht. Ich rannte schnell zum Fahrer, sagte, dass ich sie gesehen hätte und gleich zurückkäme. Doch als ich zur Tafel zurückkehrte, war das Gesicht verschwunden, wie nie da gewesen.

Ich hatte mich schon fast damit abgefunden, bis zum Morgen zu warten, als zwischen den vielen Gesichtern tatsächlich Babette und wenig später auch Franziska auftauchte. Ich rollte meinen Blick wie eine Angelschnur nach ihnen aus, um sie nicht wieder zu verlieren. Sie kamen auf mich zugerannt, wir fielen uns in die Arme. Wir hatten uns gefunden.

Ich führte Babette und Franziska zu meinem Gepäck, wo immer noch die beiden warteten. Sie schnatterten und rissen ihre Erlebnisse kurz an.

„Wir haben eine Wohnung ganz für uns“, teilten sie mir aufgeregt mit und drängten mich, endlich mitzukommen.

„Simitli“, murmelte noch mal der Dicke, und wir winkten ab. Es war Zeit, sich endlich zu verabschieden und ich dankte dem Fahrer und seinem Freund. Nach Simitli zu fahren hatte bis zum nächsten Tag Zeit. Ich war lange genug auf den Straßen herum gekurvt.

Die Wohnung, von der Babette und Franziska berichtet hatten, lag im neu erbauten Sofioter Komplex „Bakston“, im Südwesten der Stadt - und sie gehörte uns an diesem Abend sowie an den folgenden Tagen ganz allein. Eine fremde Wohnung – ein entferntes, verfremdetes zu Hause! Plötzlich begriff ich, dass wir weit, weit weg von zu Hause waren und dass es nach den scheinbar endlosen Grashügellandschaften Rumäniens, die wir während der Zugfahrten durchquert hatten, wieder Häuser und Wohnungen gibt. Diese neue Dimension eines Entfernungsgefühls rief bei uns einen demütigen Respekt vor der schaurig-schönen Ferne hervor, die wir so noch nie empfunden hatten.

Der summende Aufzug drückte uns hoch in den sechsten Stock, ließ die ekelerregenden, zerkratzten und beschmierten Aufzugtüren der einzelnen Stockwerke an uns vorbei fahren.

Unglaublich – wir hatten die ganze Wohnung für uns. Das erste, was ich tat, war der Schritt unter die Dusche, um den Staub der Straßen hinunter zu spülen. Franziska legte Schallplatten auf. Das Kinderzimmer, in dem wir kampierten, sah wüst aus. Ein Haufen aus Sachen, die wir aus den Kraxen geschüttet hatten, lag herum. Wir schalteten bald darauf das Licht aus. Der Plattenspieler lief noch. „Oceans of fantasy“. Babette und ich lagen auf dem Fußboden, während Franziska schon im Bett schlief. Die Straßenbeleuchtung und einzelne

Lichter des gegenüber liegenden Blocks schickten dünne Lichtfäden ins Zimmer.

Wir waren völlig untergetaucht im Sofioter Lichtermeer – inmitten einer kleinen Kapsel, deren unbekannte, fremde Wände sich krampfhaft abmühten, uns ein zu Hause vorzutäuschen. Die Musik quoll in den Raum. Jeder Ton versuchte, einen Punkt hinter einen schier endlosen Satz zu setzen. Doch eben dieser „Satz" schien kein Ende zu nehmen, und so konnte jeder Ton immer nur ein Komma sein.

In meinem Kopf hatte ich ein Magnetband, das die Stimmen aller Menschen, die ich an diesem Tag gesprochen hatte, abspulte und sich nicht ausschaltete.

Ich glich einer Kugel, die man auf eine lange Strecke geschickt hatte. Einer Kugel, die zwar in ihr Ziel gehuscht war, aber noch lange rotierte und nicht zur Ruhe kam. Vom Fußboden wanderte ich auf das Sofa, vom Sofa ins Bett. Babette lag bis zum Morgen wie eine umgefallene Statue auf dem Teppich.

Steinerne Welt

Franziska brutzelte in der Küche Paprikaschoten. Bis zum Sonnenuntergang mussten Babette und ich an der Europastraße 79 sein, um nachts noch bis Simitli – am Rande des Pirin-Gebirges gelegen – zu gelangen. Innerhalb von sechs Tagen wollten wir das Gebirge durchwandern, zu Franziska zurückkehren und uns dann zu dritt in Richtung Schwarzes Meer begeben.
Ich schaute mir die Lage „Bakstons" auf der Karte an und stellte fest, dass wir nur wenige Bahnstationen von der E 79 entfernt waren. Souverän sortierten wir alle Sachen aus, die wir im Gebirge nicht brauchen würden.
Allmählich begann sich der Duft aus der Küche in jedem Zimmer auszubreiten. Franziskas „Abendbrot-Ruf" konnte uns daher kaum noch überraschen. Kurz darauf löffelten wir zu dritt die in Öl gebratenen Schoten aus einem Tiegel heraus.
Es war bereits um sechs, als wir alles fertig gepackt hatten und die Kraxen aufsetzten. Babette gab Franziska einen Abschiedskuss. Wir versprachen, in spätestens einer Woche zurück zu sein.
Der Aufzug fuhr uns hinunter, und wir verließen Bakston mit einer Straßenbahn, die uns bis zur Endstation in das Stadtviertel Knjashevo im äußersten Südwesten von Sofia brachte. Der Bus, der uns auf die E79 in Richtung Kulata fahren sollte, war so voll, dass ich zunächst glaubte, nicht einsteigen zu können und es den Anschein hatte, er müsste mit offenen Türen fahren. Selbst auf der untersten Stufe standen noch Menschen, und es war mir ein Rätsel, wie es gelang, die Türen zu schließen. So fuhren wir etliche Stationen eng aneinander gepresst, bis uns der Bus ausspuckte.

Noch waren wir innerhalb des Stadtgebiets. Dennoch versuchten wir, ein Fahrzeug anzuhalten. Gleich beim ersten Versuch hielt ein Fernlaster, der wie bestellt nach Simitli fahren wollte.
Der Fahrer war älterer Mann. Er schob mich sofort in die Schlafkabine und zog hastig den Vorhang zu.
„Polizija", sagte er mit Nachdruck. Die Polizei durfte nicht sehen, dass wir zu dritt fuhren. Deshalb setzte sich Babette auf den Sitz, während ich in der unteren Schlafkabine auf einem in Papier eingepackten Bündel lag und durch den schmalen Spalt zwischen den beiden Teilen des Vorhangs nach vorn lugte.
Der Alte bot uns Zigaretten an, und wir langten zu. Ich begann es mir gemütlich zu machen, schlug die Beine im Liegen übereinander, legte den einen Arm unter den Kopf und in der anderen Hand hielt ich die Zigarette, die ich ab und zu durch den Spalt nach vorn reichte, um die Asche in den Becher abzuklopfen.
Babette unterhielt sich mit dem Alten. Mehrmals versuchte ich, den Vorhang etwas zur Seite zu ziehen, da es schwül wurde. Außerdem wollte ich auch etwas von der immer bizarrer werdenden Landschaft sehen. Noch glich die Europastraße eher einer Landstraße, und der Alte konnte nur langsam fahren.
„Schlafen", sagte er zu mir mit fremdländischem Akzent und zerrte den Vorhang wieder zu.
So blieb mir nur der schmale Spalt als Ausguck. Vor uns erschien ein großes Gebirgsmassiv, und ich erinnerte mich – es waren die Ausläufer des Rila, dem höchsten Gebirge der Balkanhalbinsel.
„Wir wollen heute nach Bansko", begann Babette zu erzählen. Darauf sagte der Alte, er führe auch dorthin, also nicht nur bis Simitli, sondern von der Europastraße hinunter in den Sattel

zwischen Rila und Pirin.
Der Alte reichte eine Flasche Wodka hinter. Ich nahm einen Schluck und gab sie an Babette weiter. Vorn im Zigarettennebel hüpften die Gespräche der beiden munter auf und ab. Das gleichmäßige Brummen des Motors klang, als ob es ihre Worte bejahen oder noch bekräftigen wolle.
Vor Blagoevgrad tauschten wir die Plätze. Ich setzte mich vor, und Babette stieg in die Kabine.
Der Alte erzählte, er transportiere Gurken, erwähnte dabei Jugoslawien und dass der Container defekt wäre. Deshalb müsste er zurück.
Ich unterhielt mich angeregt mit Babette, die den Vorhang zur Seite gezogen hatte. Hin und wieder nahm sie einen Schluck aus der Flasche. Die Dämmerung begann sich über uns zu spannen. Der Alte bremste und fuhr auf eine für Raststellen geeignete Stelle.
„Die Pausen gefallen mir gar nicht!“, meinte Babette skeptisch, die in dieser Beziehung schon Erfahrungen gesammelt hatte.
Der Alte stieg aus, ging zum Container, brachte etwas zu Essen mit und reichte uns eine Flasche „Slantchev Briag“. Babette warnte mich, da wenigstens eine von uns nüchtern bleiben musste. Zwischen dem Fahrerhaus und dem Container positionierte der Alte ein Glas mit Obst, Schafskäse und einen großen Packen Schnittkäse, dessen Rand verschimmelt war. Er schnitt den Rand ab und gab uns ein Stück. Ich mochte diesen Käse überhaupt nicht, und als der Alte wegsah, warf ich ihn, begleitet von einem kindischen Prusten, in hohem Bogen in die Struma – den unter uns strömenden Gebirgsfluss. Die wenigen Tropfen Alkohol hatten mich bereits auf ihre Weise aufgelockert.

Die Sonne war längst hinter den Bergen. Sicherlich hatte der Alte vor, irgendwo zu übernachten. Da wäre es ihm wohl recht gewesen, wenn eine von uns eingeschlafen wäre. So drängten wir ihn, weiter zu fahren. Fügsam packte er alles wieder in den Container und fuhr los. Er erklärte uns, dass es für Fernfahrer einen Fahr- und Pausenplan gäbe. Eine festgelegte Anzahl von Fahrstunden und anschließend festgelegte Pausen. Dieser Plan sollte genau eingehalten werden. Und so – brummte er - müsste er bald aufhören zu fahren. Nicht erst in Bansko, sondern schon eher. Immer deutlicher begann der Alte klar zu stellen, dass er uns erst am nächsten Morgen nach Bansko fahren würde. Für diesen Tag wäre es genug.

Ich lag wieder in der Schlafkabine. Babette saß vorn und rauchte, „um die Zunge locker zu halten", wie sie sagte.

„Schlaf auf keinen Fall ein", mahnte sie mich, „wenn irgendetwas ist, unser Erkennungswort ist „Wahnsinn". Anscheinend ist er schon lange unterwegs und ohne Frauen… Wir müssen so lange auf ihn einreden, bis er nach Bansko fährt. Wir müssen uns einbilden, Bansko ist unser Leben."

„Wir müssen nach Bansko", wiederholte Babette. Der Alte war damit nicht einverstanden und sagte, er müsse nun anhalten und schlafen. Wir bettelten ihn beide, redeten auf ihn ein, es wären doch nur 30 Kilometer, wir hätten Freunde, bei denen wir im Garten schlafen wollten, die auf uns warteten. Er wollte nicht verstehen. Zwar bog er in die Straße Richtung Bansko ein, fuhr auch noch einige Kilometer, aber dann blinkte er wieder, bremste und blieb stehen. Im Scheinwerferlicht sah ich, dass wir uns in einer völlig unbekannten Wildnis im Gebirgsvorland befanden. In dieser dunklen, von katenähnlichen Häusern durchsetzten Ecke trieben sich zwielichtige Gestalten herum. Hier konnten wir auf keinen Fall bleiben.

Der Alte hatte bereits den Motor ausgeschaltet und bestand auf seiner Schlafpause.

„Wir müssen nach Bansko! Bansko! Heute noch!“ Wir bettelten wie verrückt. Ich schaute auf die Uhr. Es war nach 22 Uhr. Der Alte schimpfte und grummelte leise irgendetwas auf Bulgarisch. Leicht unwillig ließ er den Motor wieder an und fuhr los, getrieben von zwei Tramperinnen, die er sich aus gutem Willen selbst aufgegabelt hatte, und die nun auch noch Ansprüche stellten. Wir aber wussten indessen genau, weshalb er an dieser Stelle gehalten hatte. Schließlich war es für ihn eine einmalige Chance gewesen, gerade bei Einbruch der Nacht zwei Mädchen in seinem LKW zu haben…

In Razlog – fünf Kilometer vor Bansko – versuchte er nochmals, uns zu einer Schlafpause zu überreden, aber wir drängelten: „Bansko, Bansko – unsere Freunde warten.“

„Nix versteh'n“, war seine mufflige, verärgerte Antwort. Doch er fuhr, wenn auch schimpfend, weiter. Babette kontrollierte, ob ich schlafe. Ich war jedoch viel zu aufgeregt und ließ mir immer neue, dringende Gründe einfallen, um noch nach Bansko zu gelangen. Noch einige Male reichte er uns die Flasche und wir taten so, als ob wir trinken würden.

Als wir endlich das Gebirgsdorf Bansko erreichten, das wir uns eigentlich nur erbettelt hatten, fragte der Alte, wo er uns absetzen solle.

„Warte“, sagte Babette, „ich schaue, wo eine günstige Stelle zum Schlafen ist und sage es ihm.“

Im Dorf bestand keine Möglichkeit, sich irgendwo lang zu legen. Dort konnten uns Zigeuner finden. So fuhr er uns zum Ortsausgang, und im Dunkeln hatte ich den Eindruck, in einer Kasernengegend zu sein. Wir hielten. Der Alte reichte uns unser Gepäck herunter, verabschiedete sich zuerst von mir, drückte mich dabei an sich, als wolle er mich nie wieder los lassen und küsste mich. Das wiederholte er bei Babette auf eine Art, die mehr als freundschaftlich war. So konnte er wenigstens noch etwas von dem Gewünschten, das er nicht bekommen hatte, erhaschen. Ganz gleich - auch das überstanden wir. Und schon bald verschwand der Alte brummend in der von Grillen durchzirpten Dunkelheit.

Es war stockfinster. In der Nähe bellte ein Hund. Wir konnten die Häuser, die sich im Dunkeln nur schwach abzeichneten, nicht erkennen. Waren es Kasernen oder waren es Ställe? Auf der einen Straßenseite sah es nach einem Feld aus, und wir tasteten uns über den Straßengraben. Ich war diesem Gelände gegenüber misstrauisch, da ich nicht wusste, wohin ich trat. Babette meinte jedoch, hier wären wir sicher. Wer hierher käme, würde mehr über uns erschrecken, als wir über ihn. Und ich gab ihr leicht beruhigt recht. Babette wich zurück. Brennnesseln kitzelten unsere Beine. Wir versuchten es nochmals, und im Schein der noch tief stehenden, goldenen Mondscheibe erkannten wir einen Drahtzaun. Wir vermuteten, an irgendeinem Feldrand zu sein. Das Bellen eines Hundes ließ mich zusammenzucken.

„Hunde bellen manchmal grundlos, oder sie bellen den Mond an", erklärte Babette selbstsicher. Wir nahmen die Kraxen von den Schultern und tasteten mit den Händen den Boden ab. Steine, Grasbüschel, Erde. Wir konnten uns kein richtiges Bild von dem Untergrund machen.

„Es reicht ja, wenn wir *einen* Schlafsack nehmen, da frieren wir auch nicht so schnell, wenn wir uns eng aneinander legen." So legten wir die Kraxen an unser Kopfende, krochen in den engen Schlafsack und wärmten uns gegenseitig. Merkwürdig, wie die Angst zurück weicht, wenn man noch jemanden neben sich hat. Babette ging es wohl genauso.

„Hast du Angst?", fragte sie.

„Nein.“

Nur das Kläffen des Hundes beunruhigte mich weiterhin.

Der Himmel war mit Sternen übersät, die wie kleine helle Farbspritzer - mal eng, mal weit auseinander verstreut - aussahen. Unter dem Ende meiner Kraxe, auf dem mein Kopf lag, schien sich ein Mauseloch zu befinden. Ständig scharrte und raschelte es. Mücken kamen in Scharen und hatten es besonders auf Babette abgesehen.

In der Nähe quakten Frösche, Grillen zirpten. Der Mond war ein großes Guckloch, das nach oben wanderte, und dabei immer auf mein Gesicht gerichtet war. Ein paar Mal glaubte ich, das Kläffen des Hundes käme näher.

Die Geräusche der Nacht sind so vielfältig, dass es im Grunde genommen vertane Zeit ist zu schlafen. Denn erst, wenn die Nacht ihren Mund öffnet, kommt zum Vorschein, was am Tag verdrängt und übertönt wird. Für einen Moment vernahm ich das Klappern eines Storches und daraufhin wieder das Quaken. Ganz kurz träumte ich, es kämen Leute vorbei, die uns die Kraxen weg nehmen wollten.

Früh wachte ich durch das Klappern eines auf der Straße fahrenden Pferdewagens auf. Lange durften wir nicht mehr liegen bleiben. Bald würde man uns entdecken. Ich sah mich um. Wie geahnt lagen wir auf einem steinigen Terrain vor einem großen Kohlrabi-Feld. Hinter uns spannte sich der Drahtzaun, der das Feld von einer Fabrik mit einem Schornstein, aus dem beständig schwarzer Rauch quoll, abgrenzte. Babette schlief noch.

Ich erhob mich und erblickte hinter der kleinen Fabrik ein hohes Bergmassiv, dessen Spitze von steinigen Zacken durchsetzt war. Dorthin sollte uns noch an diesem Tag unser Weg führen. Vielleicht konnten wir aber auch ein Fahrzeug nutzen. Bis zur Vichren-Hütte führte ja ein befahrbarer Weg. Es war sogar zeitlich möglich, noch am selben Tag den höchsten Berg des Pirin, den Vichren ohne Gepäck zu besteigen. Damit konnten wir einen Tag einsparen.

Über unseren einzigen Brocken Weißbrot waren die Ameisen hergefallen. Sie krabbelten in Scharen kreuz und quer durch das Brot. So blieben uns zum Frühstück nicht mehr als zwei verkümmerte Paprikaschoten und ein Schluck Wasser.

Als wir das Feld verließen, begegneten uns Frauen mit weißen Kopftüchern, die wir nach dem Weg zur Bandarica-Hütte fragten. Wir liefen durch Bansko, fragten, wo der Bus abfahren solle und erfuhren, dass vor kurzem ein Bus weggefahren wäre, und der nächste erst um eins führe. Deshalb hielten wir es für besser, zu laufen und ein vorbei fahrendes Fahrzeug, möglicherweise ein Versorgungsfahrzeug, anzuhalten. Schließlich mussten wir erst einmal ins Gebirge gelangen.

An der Straße stand ein orangefarbener Moskwitsch mit einem kastenähnlichen Kofferraum. Zwar fragten wir, ob er uns mitnehmen könne, und der Fahrer wäre auch bereit gewesen, aber dann sahen wir, dass wir beide nicht hinein gepasst hätten und machten uns zu Fuß auf den Weg. Wir liefen aus dem Ort hinaus. Ich drehte mich noch einmal um. Die Straße war leer. Nur mit zusammengekniffenen Augen sah ich ganz weit hinter uns den orangefarbenen Moskwitsch, der uns langsam, in Zeitlupen-Tempo nachfuhr. Wir waren von der heißen Sonne schon so erschöpft, dass wir schließlich beschlossen, ihn doch entgegen unseren ursprünglichen Vorsätzen anzuhalten.

Der Fahrer war ein kleiner, ziemlich zierlicher Mann in schlampiger Kleidung, schätzungsweise Ende Zwanzig, hatte schwarze, lockige Haare, große, braune Augen und eine Zigarette im Mund. Ich nannte ihn den „Hund“, was nicht nur seinem Aussehen, sondern wie wir später feststellten, auch seinem Benehmen durchaus entsprach. Der „Hund“ öffnete die Tür seines Kofferraums und setzte unsere Kraxen hinein. Es konnte aber nur eine Person neben dem Fahrer Platz nehmen, und so setzte sich Babette freiwillig in den Kofferraum, in dem weder Licht noch Luft waren. Babette rief mir noch zu, ich solle genau die Karte verfolgen und schon fiel die Klappe zu.

Die Aufkleber auf dem Armaturenbrett machten mich bereits misstrauisch. Ein wollüstiger King-Kong und eine nackte „Dame“ in seinen Tatzen prangten mir entgegen. Alsbald entpuppte sich der „Hund“ als ein schmieriger Typ. Er keuchte und legte während der Fahrt seinen Arm um mich. Mit seinem nassen, vor Aufregung zitternden Gesicht kam er zu mir herüber. Wie wir alle schwitzte auch er, und in seinen Augen erblickte ich Tränen. Nur zögerlich zog er sich wieder auf seine Seite zurück. Er wirkte mickrig und verarmt und meine Gegenwart schien ihn völlig aus dem Häuschen zu bringen.

Zwischen den hohen Fichten kam ein Haus zum Vorschein. Der Hund hielt. Es sah so aus, als wolle er uns absetzen. Aber bevor ich aussteigen konnte, rutschte er wieder zu mir herüber - gerade in dem Moment, als ich einen Blick auf die Landkarte warf. Dann stand er auf, um den Kofferraum aufzuschließen. Babette saß in dem dunklen Kästchen und murmelte mit verstörtem Gesichtsausdruck: „Das ist deprimierend hier hinten.“ Ich machte ihr klar, was sich im Auto angedeutet hatte. Sie dagegen hatte dort wie in einem Bunker gesessen, völlig ahnungslos. Ihre Bemerkung brachte mich zum Lachen:

„Mein Gott, der ist ja ganz zittrig. Was ist denn mit dem los?“ Der Hund schloss seinen Wagen ab, erklärte, gleich zurück zu kommen und lief in Richtung Hütte.

„Komischer Kauz“, stellten wir fest.

„Hast du auch genau die Karte verfolgt?“, fragte Babette skeptisch.

„Sieh mal, ein Lada!“, machte ich Babette aufmerksam. Ein Dicker mit Glatze kam angefahren. Der Hund lief hinterher, redete kurz mit dem Dicken und kam zu uns. Er zeigte auf den Lada. Wir sollten umsteigen. Babette sollte vorn neben dem Dicken sitzen, und der Hund kam zu mir auf den Hintersitz. Ich war mehr als misstrauisch.

„Mist“, sagte ich, „2:2“. Und Babette meinte nur: „Die gefallen mir nicht.“ Aber es gab keinen Grund, um auszusteigen, noch waren wir froh, gefahren zu werden. Wir fragten den Dicken, ob er auch wirklich zur Bandarica-Hütte führe. Nun war es wichtig, keine unnützen Fragen zu stellen und sich nicht wie dumme Hühner zu benehmen. Wir mussten ortskundig erscheinen und vor allem die Landkarte verfolgen.

Der Dicke und der Hund verstanden kein Deutsch, aber schon an einem ängstlichen Tonfall hätten sie unsere Gefühlslage erkannt. So mussten wir in einem straffen Ton miteinander reden und alles, was wir sagten, gut überlegen.

Ich steckte mir eine Zigarette an, um den Hund besser abwehren zu können. Der Dicke begann sich mit Babette zu befassen ohne jedoch handgreiflich zu werden. Der Hund dagegen versuchte mich in die horizontale Lage zu bringen, und ich wälzte ihn von mir. Babettes komisches „Njet, njet“, das sie beim Annähern des Dicken ausstieß, klang dabei jedoch - ohne dass sie es wollte - eher wie ein Lockruf.

Wir erreichten gerade den Abzweig zur Bandarica-Hütte, als sie plötzlich nach links, vom Weg abfuhren.

„He, was ist denn jetzt los? Jetzt geht’s wohl in den grünen Wald?“, fragte Babette ironisch. Dieses Herumkurven im Gebirge war mir unheimlich. Wir fragten, wohin sie fahren wollten und der Dicke sagte, er müsse etwas bei seinem „Chef“ vorbei bringen. Wir fuhren kreuz und quer auf irgendwelchen Forstwegen. Ich hatte die Orientierung verloren. Zwar fuhr der

Dicke langsam, aber es genügte, vom Weg abzukommen und schon war keine Übereinstimmung mit der Karte mehr festzustellen. Auf keinen Fall durften sie in diesem Moment unsere Unsicherheit bemerken. Denn dann hätten sie uns in Bezug auf ihr Ziel einen Bären aufbinden können.

Das Dach einer Hütte schob sich zwischen den tiefgrünen Tannen hervor. Unser Misstrauen blieb bestehen. „Die wollen bestimmt, dass wir in diese Hütte mitkommen."

Die Hütte war eine Villa mit ausgebautem Kamin, schrägen Wänden und gehörte einem Ehepaar. Ein Mann, der anscheinend der „Chef" des Dicken war, erwartete uns vor der Tür. Er machte auf mich den Eindruck eines alten Wanderers, der die dunkelsten Wege in dieser Gegend kannte. Höflich bat er uns einzutreten, und wir gelangten in eine Stube. Eine ältere Frau saß an einem Tisch zwischen Schalen, die mit Pfirsichen und Tomaten gefüllt waren. Sie kaute und reichte uns die Hand. Ihre Anwesenheit beruhigte mich irgendwie. Der Dicke und der „Hund" winkten uns, wir sollten in ein Zimmer mitkommen, zu dem knarrende Holztreppen führten. Der angebliche „Chef" stieg uns voran, was mich beruhigte, denn so waren wir in einer ungeraden Anzahl.

„Die führen uns in die Schlafstube. Vorsicht!", warnte ich Babette.

Der „Chef" wollte uns etwas auf der Karte zeigen, und wir vertrauten ihm. Doch schon rückten der Dicke und sein Freund mit Bierflaschen an, um sich oben einzuquartieren.

„Sofort wieder raus", gab ich Babette zu verstehen. Wir verließen den Raum. Die beiden schleppten ihr Bier wieder hinunter und tranken es an dem langen Holztisch, an dem immer noch die Frau saß. Sie verstand Deutsch und Russisch nur sehr schlecht. Ich fragte sie, wo wir wären und erklärte, dass wir lieber zu Fuß zur Bandarica-Hütte gehen wollten, uns seien die beiden nicht geheuer. Sie zeigte uns den Standort auf der Karte, der jedoch nicht richtig zu sein schien. Es fiel ihr schwer sich auszudrücken, und sie machte den Eindruck, als hätte sie ein schlechtes Gewissen, uns in die Hände des Dicken und des Hundes zu geben. Wir versuchten vergeblich, ihr eine Meinung über die beiden zu entlocken. Die Zeit drängte. Noch war unser Gepäck im Auto. Der Dicke und der Hund hielten sich im Haus auf. Bald wollten der „Chef" und seine Frau zu einer Wanderung aufbrechen. Als ich dem „Chef" erklärte, dass wir zu Fuß gehen wollten, sah er mich eigenartig an und meinte: „Gut, gut". Es war wie ein Wink mit dem Zaunpfahl. Doch der Dicke kam bereits aus dem Haus, um weiter zu fahren, und wir stiegen wieder ein.

Was sollten wir tun? Sie hatten ja unser Gepäck!

Auf steilen Serpentinen ging es weiter, vorbei an tiefen, scharfkantigen Abgründen, die von Geröllfeldern bedeckt waren. Der Dicke griff, während er fuhr, mit der einen Hand nach Babette, so dass sie vom Nebensitz aus das Steuer ergreifen musste. Wir rutschten von einem Wegrand zum anderen. Der Dicke lachte. Mir schien, als wäre das Auto betrunken, so torkelte es. Und über uns schaukelten die hohen Tannen. Der Hund begann mich wieder zu belästigen. „Geht alles vorbei, endet alles gut", beruhigte ich mich selbst. Aber fuhren sie überhaupt an unser Ziel? Warum waren sie hierher gefahren? Verfolgten sie noch andere Absichten? Das Auto holperte über den steinigen Weg. Weit und breit erstreckte sich tiefer Wald. Wir wollten aussteigen. Der Dicke lächelte wieder. Er hielt kurz. Babette sprang hinaus, um zu prüfen, ob der Kofferraum geschlossen sei. In diesem Moment fuhr der Dicke an, und ich bekam panische Angst, er würde mit mir allein weiterfahren. Im Fahren riss ich die Tür auf, um hinauszuspringen. Darauf bremste der Dicke, und Babette wunderte sich über mein hektisches Verhalten. Aber mir gefielen die beiden immer weniger. Ich überlegte, ob es möglich wäre, vom Hintersitz aus mit einem Ruck den Autoschlüssel abziehen zu können. Doch in dieser Sache war ich nun wirklich ungeübt.

Der Dicke machte uns auf einmal den Vorschlag, uns bis zur Vichren-Hütte zu bringen und dann nach Bansko zurückzufahren. Die beiden wollten ihre Wanderschuhe holen, um mit uns am Nachmittag gemeinsam auf den Vichren zu klettern. Ich wusste nur eins: beim Wandern in der Wildnis konnten sie uns noch viel eher überwältigen.

Der Dicke und der Hund tauschten die Plätze. Der Dicke war jedoch harmlos. Babette und ich machten uns aus, nach unserer Ankunft so schnell wie möglich den Vichren zu besteigen und dann mit dem Gepäck weiter zu wandern, sozusagen vor ihnen zu flüchten.

Der Wald lichtete sich, und wir sahen im Tal die Bandarica-Hütte liegen, die sich zwei Kilometer vor der Vichren-Hütte befand. Wären wir erst dort, würden sie uns das Gepäck geben und alles Weitere wäre erst einmal nicht so wichtig.

„Ihr seid doch ehrliche Menschen?“, fragte der Dicke. Anscheinend befürchtete er, dass wir bis zum Abend verschwinden würden. Aber in diesem Moment blieb uns nichts anderes übrig, als zuzustimmen und zu versprechen, am Abend auf sie zu warten.

Wir glaubten schon, das Ende der Belästigungen sei gekommen, waren gerade ausgestiegen und wollten uns von den beiden verabschieden. Die Türen klappten zu. Plötzlich legte der Dicke seinen Arm um mich, während der Hund auf einmal Babette gegen den hinteren Kotflügel presste und dabei in solch eine Erregung geriet, dass er an ihr wie das Quecksilber im Thermometer hoch und runter rutschte. Babette stand erstarrt neben ihm, neigte ihren Kopf angewidert zur Seite und sagte halb lachend, halb entsetzt: „Der hat bestimmt wenig Chancen, der ist ja so winzig.“ Und erst da sah ich, dass er wohl einen Kopf kleiner war als Babette. Ich musste über dieses Bild lachen, und doch war es ekelhaft und erschütternd zugleich, wie jener Mann versuchte, sich an einem anderen Menschen, der sich völlig passiv verhielt, zu befriedigen. Der Dicke grinste kindisch, hielt mich weiterhin fest, und wir sahen, wie sich der Hund „abplagte“.

Babette tat mir leid – sie musste es über sich ergehen lassen. Zwar nahm sie keinen (äußerlich sichtbaren) Schaden, aber auch sie ekelte sich. Wir wussten, dass die ganze Sache auf ihren Höhepunkt zusteuerte. Ich war mir in diesem Moment nicht im Klaren, ob ich lachen, weinen, wegsehen oder hinsehen sollte. Ich fand es pervers und doch normal. Babette beugte sich so gut es ging zurück und wendete ihren Kopf ab. Ich war völlig verstört, ohne mir viel anmerken zu lassen. So eine Szene, dazu in dieser Hochgebirgsidylle, hatte ich noch nicht erlebt.

Der Hund wirkte erlöst, strahlte über das ganze Gesicht, das von Schweißperlen benetzt war. Er gab uns das Gepäck heraus. In seinen Augen sah ich einen Anflug von Scham, aber was überwog, war die Erlösung. Der Dicke lachte dreckig. Sie fuhren ab. Ich war der festen Überzeugung, dass sie abends vor der Hütte stehen würden. Vielleicht wollte der Dicke auch noch zu seinem Ziel kommen? Babette hingegen glaubte nicht an ihre Rückkehr.

Inzwischen war es Nachmittag, und wir wollten so schnell wie möglich unser Gepäck in der Hütte abgeben, um den Vichren zu ersteigen. Ein älterer Wanderer mit Kniebundhose und Wetterjacke stand wartend vor der Hütte. Ich fragte ihn, wo wir das Gepäck abstellen könnten, um es für ein paar Stunden los zu sein. Der Wanderer konnte gut Russisch. Und ich gab ihm den Namen „der Bär“. Seine besonnene, gemütliche Art ließ ihn diesen Namen mit Recht tragen. Er wohnte mit einer Wandergruppe in der Hütte und bot uns an, unsere Sachen auf sein Zimmer zu schaffen, wo er mit seinen Kameraden hauste.

Wir stiegen die knarrenden Holztreppen nach oben. Beim Betreten des kleinen Zimmers wurden wir von den anderen, die sich auf den Betten ausruhten, neugierig angesehen und doch freundlich begrüßt.

Alsbald nannten sie uns die verschiedenen Aufstiegsmöglichkeiten, um auf den Vichren zu gelangen und rechneten für den Aufstieg mit zwei Stunden. Wir nahmen nur einen kleinen Beutel mit und begannen den steilen Steinpfad hinauf zu laufen, überspannt von einem wolkenlosen Himmel.

Und schnell erkannten wir: Jene steinerne Welt der Pyramidenberge ist nicht tot. Es scheint, als wäre das Leben hier irgendwann über sie hinweg geflogen und habe ein paar Samenkörner verloren, die hier und da in Form von Edelweiß und Enzian aufblühten oder als blaue Seen wie blaue Knöpfe blinkten, in die am Abend die Schatten der Berge hinein fielen.

Der Aufstieg in Höhen bis zu 3000 Metern war anstrengend gewesen, aber weitaus mehr Kraft und Vorsicht kostete der Abstieg. Es genügte, einen lockeren Stein zu berühren, schon begann dieser ein Stück zu holpern, nutzte einen anderen als Sprungbrett, wurde beschleunigt und begann den Abhang hinunter zu springen. Fast schon wieder in Ruhelage, bekam er irgendeinen Anstoß, sprang hoch und raste in unregelmäßigen Zügen ins Tal. Ja, es sah aus, als würden den Bergen Tränen entrollen.

Wir brauchten eine Weile, ehe vor uns im Tal wieder die Vichren-Hütte auftauchte. Babette wollte unsere Tour für den nächsten Tag noch am selben Abend beginnen und irgendwo unterwegs übernachten.

Der Abstieg saß uns in den Knochen, und wir wussten, dass eine längere Pause große Müdigkeit zur Folge haben würde. Ich kniff meine Augen zusammen. Noch unscharf sah ich zunächst eine mickrige Gestalt vor der Hütte stehen, und mit jedem Schritt, den ich abwärts tat, wurde mir klarer, wer da unten wartete.

„Babette, schau mal, wer dort steht – das darf nicht wahr sein, ich hab's geahnt!", rief ich. Ich verspürte nicht die geringste Lust, mich mit den beiden zu unterhalten, auch nicht die Kraft, irgendetwas zu erklären.

Der Hund hielt eine Flasche Mastika – Anisschnaps - im Arm. Der Dicke stand in kurzen Turnhosen neben ihm, stemmte die Hände in die Hüften und blinzelte unter seinem Wanderhütchen zu uns hoch. Was sollten wir tun? Es gab nur die einzige Möglichkeit, in die Hütte zu gehen und sich dort dezent zurückzuziehen. Mir fiel der Bär ein, ich wollte ihm alles erzählen, zu ihm hatte ich unerklärlicherweise Vertrauen. Ohne ein Wort zu sagen, liefen wir an den beiden vorbei und huschten in die Hütte. Es hatte keinen Sinn, ein Gespräch anzufangen, es gab nichts zu erklären. Und so war Ignoranz der beste Weg.

Ich war aufgeregt, fühlte mich verfolgt und sah den Bären als einzige Rettung an. So klopften wir an seine Zimmertür, und gleich beim Eintreten fühlte ich mich behütet. Der Bär trug einen dicken Rollkragenpullover und klagte über Zahnschmerzen. Die leeren Betten waren zerwühlt. Wir setzten uns, und ich begann zu erzählen. Zuerst von unserer Autotour ins Gebirge und dann davon, wie uns der Hund und der Dicke empfangen hatten. Ich umschrieb viele Worte, aber er verstand alles und riet uns, die Nacht in der Hütte zu bleiben. Er redete viel von Moral, es wäre ihm peinlich, dass wir gerade solchen „Hulliganen", wie er sagte, begegnen mussten.

„Es gibt auch gute Menschen in Bulgarien", setzte er, fast als ob er sich entschuldigen wolle, hinzu. Anscheinend hatte er verstanden, uns sei etwas zugestoßen. Daher wollte er unverzüglich die Polizei verständigen, was ich ihm vehement ausredete. Ich bat den Bären mit uns hinunter zu gehen und vorsichtig nachzusehen, ob die beiden noch da wären. Doch entgegen unseren Erwartungen waren sie verschwunden und somit im Gewimmel vor der Hütte nicht mehr auffindbar. Wir konnten nur hoffen, dass sie am nächsten Morgen nicht wieder erscheinen würden. Deshalb entschlossen wir uns, schon früh um sechs los zu ziehen.

Der Bär brachte uns zur Anmeldung, und wir wurden in ein größeres Zimmer eingewiesen.

Am späten Abend, als wir mit dem Bären wieder in seinem Zimmer saßen und uns unterhielten, begann ein schweres Gewitter zu toben. Wir glaubten, im Zentrum eines großen Wirbels zu sein. Die steinerne Hütte wackelte, Türen flogen und Scheiben klirrten. Wassermassen stürzten vom Himmel. Die Donner dröhnten, als würde man das Pirin-Gebirge in die Luft sprengen. Keinen Wanderer schien das Unwetter zu beeindrucken. Der Betrieb in der Hütte lief ungestört weiter. Wir saßen in dem kleinen Zimmer und konnten dem Erscheinen des Dicken und des Hundes plötzlich dankbar sein. Wären wir abends los gezogen, hätten wir das Ziel sicher nicht erreicht. Wer zu dieser Zeit draußen in den Bergen war, konnte von Glück reden, wenn er unversehrt heimkehrte. Die ganze Nacht über tobte das Gewitter in weiten Teilen der Gebirgsregion. Zelte wurden weg gerissen und fort gespült.

„Ich glaube, der Bär hat etwas für dich übrig", meinte Babette, als wir in unser Zimmer hinunter stiegen, nachdem uns die

Wanderer die Route für den nächsten Tag in die Karte eingezeichnet hatten. Bevor wir uns hin legten, brachte ich dem Bären noch unsere Adresse, und er verbot uns regelrecht, weiter zu wandern, falls es am nächsten Tag noch regnen sollte. Selbst bei Nieselregen wäre es gefährlich. Er war zwar ein erfahrener Wanderer, aber ich nahm seine Warnung nicht außerordentlich ernst.

Über Nacht hatte sich unser Zimmer gefüllt. Als es dämmerte, kam Unruhe auf. Es klopfte ein paar Mal und die einzelnen Wandergruppen sammelten sich, um weiter zu ziehen. Draußen war es grau. Ich drehte mich noch einmal herum. An der Tür entstand Tumult, und im Sprachgewirr hörte ich auch die Stimme des Bären heraus, der von Weitem aufgeregt meinen Namen erfragte. Er stand in seinem dicken Rollkragenpullover an der Tür. Ich winkte ab und deutete an, dass wir später losziehen würden. Es nieselte noch, aber das Gewitter war längst fortgezogen.

Entgegen dem Rat des Bären packten wir schnell unsere Sachen zusammen und wollten die lange, für etwa acht Stunden geplante Tour zum Tevnoto Ezero in Angriff nehmen, ohne erst zur Demjanica-Hütte zu wandern, wie es uns am Abend der Kamerad des Bären vorgeschlagen hatte.

Die Luft war angenehm kühl, und wir konnten uns das Wetter zum Wandern nicht besser vorstellen. Die Vichren-Hütte ließen wir im Tal hinter uns liegen und kletterten aufwärts, bis wir in ein breites Tal gelangten. Kein Baum, kein Haus, kein Strauch. Weitsichtig erstreckte sich wellenförmig ein versteinertes Meer. Wir folgten der gelben Markierung, die zum Teil kaum noch zu erkennen war. Gelbe Farbtupfer auf Steinbrocken. Wir wanderten stundenlang, ohne einem Menschen zu begegnen, wanderten wie von den Bergriesen verschluckte

Mikroben durch eine Mondlandschaft, an die sich ausgefranste Wolkenfetzen geklebt hatten.

Erst nach vier Stunden trafen wir auf einen einsamen Wanderer. Ein Alter mit einem Taschentuch als Sonnenschutz auf dem Kopf und einem dicken Wanderstock zog allein durch das Gebirge. Er redete viel auf uns ein, doch wir hatten es inzwischen satt, dauernd irgendwelche Ratschläge entgegen zu nehmen. Wir verstanden wenig, nur so viel, dass wir auf den nächsten Metern auf die Markierung Acht geben sollte. Die Wege - es waren Trampelpfade - würden sich an einem Stein teilen und es ginge zu den Seen entweder über die Demjanica-Hütte oder eben direkt dorthin. Es war nicht eindeutig, was er meinte. Aber weit, sehr weit wäre es noch. Und so zog er in die Richtung weiter, aus der wir gekommen waren. Wir aber achteten auf den nächsten Metern besonders auf den Weg. An einem Bach packten wir unser einziges Brot und die Salami aus, um die erste Mahlzeit zu uns zu nehmen. In diesem Moment näherte sich uns eine Schafherde, und ihr voraus sprangen zwei Schäferhunde, die bellend auf uns zusteuerten. Um sie zu beruhigen, warfen wir ihnen einige Stücke Wurst zu, und die beiden balgten sich darum. Der Schäfer und die Herde zogen an uns vorbei. Nur einer der Hunde entdeckte unser Brot, schnupperte daran und verschlang es. Unser einziges Brot! Nur ein paar Krümel ließ er zurück.

Als wir an die Weggabelung gelangten, von der der Alte gesprochen hatte, erinnerten wir uns nicht mehr daran, was er gesagt hatte. Ein Pfeil zeigte in die Richtung, aus der wir gekommen waren, ein anderer geradeaus, und der dritte in Richtung Begovica. Von dieser Hütte hatte der Alte wohl auch geredet. Wahrscheinlich würden sich die Wege später noch einmal teilen. Wir kamen an großen, weißen, frei laufenden Kühen und an laut wiehernden Pferden vorbei, und oft versiegte die Markierung, war fast ganz abgeblättert, so dass wir an den Wegkreuzungen jedes Mal unsicher waren und suchen mussten. Die Landkarte erwies sich als sehr ungenau, und unser Weg war auf ihr nicht erkennbar. Das gelbe Zeichen war nicht zu finden. Wir entschieden uns für einen der Wege, kehrten aber bald wieder um und wählten einen anderen Pfad, der uns wahrscheinlicher erschien. Nur an den Bächen konnten wir uns orientieren, zum Teil auch an der am gegenüberliegenden Hang wieder auftauchenden Baumgrenze. Mit Hilfe der Landkarte stellten wir vage Vermutungen an. Wir glaubten, endlich den Faden gefunden zu haben. Es missfiel mir, irgendwo zu laufen, ohne zu wissen, wo man war und wohin man gelangen würde.

An einem kleinen Wasserloch, das nicht breiter war als etwa drei Meter, ließen wir mitten in der Steinwelt, etwa 2600 Meter hoch gelegen, unserer Sachen fallen und sprangen in das klare, eiskalte Wasser. Die Sonne kam zwischen den Wolkenfetzen hervor, und wir sprangen auf dem spärlichen Gras herum, um unsere gekühlten Körper wieder zu erwärmen. Wir fühlten die Reinheit der leicht angewärmten Erde, die ein paar Sonnenstrahlen aufgesogen hatte. Dabei störte es uns nicht, dass hier und da, meist regelmäßig verteilt, Exkremente der Schafe lagen. Als die Sonne sich wieder verhüllte, zogen wir unsere Sachen an und liefen den nicht markierten Weg weiter. Doch der Weg endete plötzlich, verlor sich wie ein Gedanke, dessen Ansatz zwar gut war, aber nicht weiter geführt werden kann. Wir fragten einen Schäfer nach dem Weg zur Hütte „Begovica“, denn inzwischen hatten wir unser Ziel Tevnoto Ezero aufgegeben. Er zeigte auf die Eisenstangen, die wie Slalomstangen in unregelmäßigen Abständen eine Art Weg darstellten. Wir liefen ihnen nach, aber bald erschienen sie uns als unzuverlässig. Die Stangen verliefen in zwei verschiedenen

Richtungen weiter. Ich konnte keine Übereinstimmung mehr mit der Karte feststellen und wagte es kaum auszudenken, doch wahrscheinlich waren wir ganz woanders. Aber wo?? Wir folgten den Masten, von denen wir erst dachten, es seien Telefonleitungen. Aber sie waren weder miteinander verbunden, noch führten sie zu einer Hütte. Sie führten auf einen kahlen Berg. Und plötzlich tauchte das grüne Zeichen auf. Gerade vor uns, vielleicht einen Kilometer entfernt, blinkte uns ein rotes Dach entgegen. Soweit wir die Umrisse erkennen konnten, war es keine Berghütte, eher ein Schäferhaus. Unten im Tal lag eine zerfallende Holzhütte, in deren Nähe Pferde weideten. Für einen kurzen Moment erblickte ich einen Menschen.

„Bleib hier“, sagte ich zu Babette, „ich renne schnell ins Tal hinunter und frage den Mann, wo wir sind.“

Ich tobte abwärts und glaubte, es wären höchstens 700 Meter. Aber der kahle Berg und die umherliegenden, unbewaldeten Höhen ließen nur Irrtümer aufkommen. Optische Täuschungen der Bergwelt, die oft fatale Folgen haben können. Ich rannte und rannte und glaubte, endgültig im Tal zu sein. Das Bild der Hütte rückte näher. Doch ich war noch lange nicht am Ziel. Ich musste weiter abwärts. Ich blickte mich kurz um. Diesen nackten Bergrücken musste ich später wieder hoch! Babette konnte ich nicht mehr sehen. Ich näherte mich langsam der Hütte. Der Mann, den ich gesehen hatte, war wie vom Erdboden verschwunden. Wind wehte eine Plastikfolie durch die Gegend. „Nur ein Verrückter kann hier leben“, dachte ich. Das Dach war anscheinend noch im Bau. Lange Holzbalken staken kreuz und quer herum, reichten bis zum Erdboden. An einem Schuppen standen ein paar ausgetretene Männerschuhe. Ein Halfter baumelte an einem Haken. Die Pferde trabten unruhig um die Hütte herum, wieherten ab und zu. Kein Mensch war zu sehen.

“Hallo!“, rief ich. Keine Antwort. Ich traute mich nicht, näher zu treten. Überall lagen Baumaterial und Schutt. Der Wind blies und rüttelte an der Schuppentür. Ringsherum kahle Berge, nichts als Steine. Die dröhnende Stille erschlug mich. Mit einem Mal packte mich nur der eine Gedanke, so schnell wie möglich zu verschwinden. Ich drehte mich um und rannte den Berg wieder hinauf, über zähe Kräuter und Knieholz. Nochmals schaute ich ins Tal hinunter und hatte ein unerklärliches Schuldgefühl, so als hätte ich verbotenes Gebiet betreten. Keuchend kam ich zu Babette zurück.

„Nichts. Ich weiß nichts“. Wir erhoben uns, da wir weiter mussten, weiter in Richtung rotes Dach. Unsere Augen fixierten auf dem Weg einen Punkt.

„Sieh mal, dort unten, was ist das, das sieht aus, wie…“ Unsere zusammengekniffenen Augen waren angestrengt auf diesen Punkt gerichtet. Sie wurden von unserer Fantasie geknechtet, die einem heiß gelaufenen Automaten glich, in dem jedes Bild ständig umgeformt wurde und uns zu keiner endgültigen Meinung kommen ließ.

„Könnte ein Hund sein, oder ein Reh?“ Aber wenn man es in Gedanken wendete, glich es einem Gesicht mit Mütze.

Unsere beiden Fantasien verwickelten sich immer mehr miteinander und beängstigten uns, weil wir nicht erkannten, was uns so perfekt täuschte und geistig traktierte…

Es war nichts weiter als ein altes Motorrad. Jener Gegenstand war immer mehr in unsere Nähe gerückt, und unser Weg führte direkt an ihm vorbei. Hinsichtlich unserer Konzentration bauten wir von Stunde zu Stunde ab. Doch was suchte ein Motorrad hier in dieser Gegend, gerade hier? Gehörte es zu dieser Hütte mit dem roten Dach? Die Baumgrenze hatten wir wieder erreicht. Im Sandboden unter uns zeichneten sich große Fußstapfen ab. Doch es schien, als gäbe es hier überhaupt keine Menschen mehr, nur ihre Spuren waren zurück geblieben. Die Hütte war verschlossen. Ein Schimmel tauchte vor uns auf. Eingezäunte Mufflons waren eng zusammengepfercht. Es raschelte und klapperte. Dutzende Mufflon-Augenpaare sahen neugierig uns an.

„Komm weg hier, laufen wir den Weg weiter!“ Wir suchten das Weite.

Das grüne Zeichen tauchte wieder auf und wir folgten ihm. Wenige Meter weiter setzten wir uns auf gefällten Baumstämmen nieder. Wer weiß, wie lange wir noch gesessen hätten, wenn nicht auf einmal jener Schrei die Luft durchschnitten hätte – ein Schrei, der sich mir messerartig ins Herz bohrte und mich ruckartig aufstehen ließ. Drohend und klagend zugleich war er, passend in das Szenario dieses mystischen Schauplatzes. Es war wie ein Signal für uns gewesen, endlich zu verschwinden. Vor uns erhob sich, beinahe mahnend, ein alter, knorriger von Flechten überwucherter Baum. Wieder fielen uns die übergroßen Fußspuren auf. Aber kein Mensch war zu sehen. Niemand. Im Tal sahen wir eine Hütte liegen und uns wurde klar, dass das grüne Zeichen zu ihr führte, aber wir wussten nicht, welche Hütte es sein könnte. Jane Sandanski – vermuteten wir. Es quälte mich, auf der Karte nicht feststellen zu können, wo wir waren. Wer wusste, in welche Ecke uns das Umherirren verschlagen hatte! Abwärts führte das grüne Zeichen, in langen Serpentinen, aber nur allmählich abwärts. Nach zwölf Stunden Wandern waren unsere Kräfte so gut wie aufgebraucht. Der Abstieg strengte uns mehr und mehr an. Endlich tauchten kleine Hütten auf, die anscheinend Wochenendhäuser waren. Unsere Vermutung hatte sich bestätigt. Wegweiser zeigten in die Richtung, in die wir liefen. Zur Hütte „Jane Sandanski“. Wir waren restlos erschöpft und setzten uns mitten auf dem Weg auf eine kleine Holzbrücke. Wenige Meter vor der Hütte ließen wir uns neben einem Zelt fallen, ohne wieder aufstehen zu wollen. Als Gegenpol zu meiner Müdigkeit bewegte mich immerzu die Frage: Wie war es nur möglich gewesen, dass wir in diese Richtung verschlagen wurden?

Babette regenerierte sich schneller und besorgte Maiskolben. Ich lag noch immer auf meiner Kraxe. Meine Blicke umschweiften das kleine Zelt. Ringsherum lagen Tomaten, Zwiebeln, Essgeschirr, und daneben erblickte ich eine Feuerstelle. Wir wollten warten und fragen, ob auch wir unser Zelt an dieser Stelle aufstellen konnten.

Die Zeltbewohner waren aus unserer Heimat. Ein junger, bärtiger Mann mit langen, hinter die Ohren gesteckten Haaren und eine junge Frau mit einem langen Zopf tauchten auf. Am Abend machten sie ein Feuer. Das Feuer zog an. Es wärmte. Es zog Frauen mit Schürzen und Kopftüchern an, es zog drei Dorfjungen an, die uns schon bei unserer Ankunft angesprochen hatten. Und es zog einen kleinen Hund an, der um uns herum sprang. Zwar konnten wir uns mit den Einheimischen kaum verständigen und nur wenig unterhalten, doch jeder von uns warf einen glänzenden Blick in das Feuer, so wie in einen gemeinsamen Topf und ich glaube, es hätte nie so wärmen können, hätte nicht jeder seine Augen vom Feuerschein polieren lassen. Der Bärtige rauchte mit der rechten Hand seine Pfeife. Er atmete den Rauch gleichmäßig wie ein Schornstein aus. In der linken Hand hielt er einen Stock, mit der er im Feuer herumstocherte. Ab und zu legte er Reisig hinein und strich seiner Frau über das glatte Haar. Einer der Jungen reichte eine Flasche Rotwein herum. Unsere Augen schienen unaufhörlich in das Feuer zu fallen, als läge dort etwas Verlorenes, das jeden Moment wieder auftauchen könnte.

Der Bärtige und seine Frau waren anspruchslos und glichen kleinen Insekten, die sich an die Erde drückten und dort wohl fühlten. Nie hätten sie den Erdgeruch gegen Parfüm eingetauscht. Was brauchten sie mehr als ihr kleines Zelt, mit dem sie durch das Gebirge wanderten! Ihre beiden goldenen Ringe glänzten im Schein, und seltsamerweise fiel mein Blick immer wieder auf sie. Sie erzählten, dass sie am vergangenen Abend mit einer Kerze im Bach baden gewesen waren. Auch an diesem Abend gingen sie hinunter zum Fluss, und wir kamen mit. Mit bloßen Füßen tasteten wir uns den bewachsenen Hang hinunter. Ich raffte den Rock mit einer Hand zusammen. Der Lockruf des Baches kam näher. Das Rauschen, das beim Stärkewerden in den Ohren zu summen begann, strömte durch den ganzen Körper. Der Kerzenstummel gab wenig Licht. Wer hier ein Fluss-Bad nehmen wollte, musste die Bequemlichkeit wie einen Mantel beim Pfandspiel ablegen. Wir rutschten zwischen den Kräutern hinunter, bis uns der Bach frisch entgegen atmete, als meinte er: „Endlich seid ihr da“. Wir legten unsere Sachen ab. Auf wackligen Steinen torkelten wir am Flussrand, halb vorsichtig, halb unsicher in das Wasser. Unsere Füße hatten keinen Halt auf den runden, glitschigen Steinen. Oh, schon hatte das eisige Wasser unsere Füße geküsst – „halt, noch nicht“ – meinten unsere Körper, indem wir zusammen zuckten und schnell eine neue Stellung suchten. Als wir bis über die Knöchel im Wasser standen und das Gefühl hatten, gleich umzufallen, warfen wir unter Abgabe von „Oh“ und „Ah“ das Wasser hektisch über uns und sprangen wieder hinaus. Unter schnellen Bewegungen wandelte sich die Kälte wunderbar in Wärme um. Wir kletterten nach oben zurück und entfernten uns somit dem Geräusch des Baches. Es klang, als hätte jemand ein Radio leise gedreht und schließlich abgestellt.

Am Feuer saßen immer noch die Frauen mit verklärten Gesichtern und jene drei Jungen. Ich begann zu befürchten, dass sie uns nachts belästigen würden. Unser Fehler war gewesen, dass wir uns so angeregt mit ihnen unterhalten hatten.

Der Bärtige rauchte seine Pfeife zu Ende und hörte auf, Reisig einzulegen.

Wie die Fliegen kamen die Jungen in unser Zelt, wollten nicht von uns lassen. Wir stellten uns schlafend. Es war ungeheuer belastend nach diesen Anstrengungen. Kaum hatten wir sie hinaus getrieben, öffneten sie von außen wieder den Zeltreißverschluss. Wir schoben sie von uns. Nach etwa einer Stunde verlor ich die Geduld, packte meine Jeans, schlug nach ihnen und brüllte „Raus“. Der kleine Hund lag in unserem Zelt, schniefte und scharrte auf der Folie, auf der wir lagen. Ich rutschte an die Zelt-Wand und hörte nur noch das Murmeln der draußen Wartenden. Das Knistern des Feuers wurde immer leiser. Vielleicht würden die drei morgen noch da sein, vielleicht auch nicht, vielleicht waren wir zu ihnen gemein gewesen…

Unter vielen kleinen „Vielleichts“ entschwirrte ich in die Schlafwelt.

Gegen Morgen begann der Hund unruhig zu werden. Ich öffnete das Zelt und ließ ihn hinaus, unseren kleinen Beschützer, der schon eine Weile gewimmert hatte.

Unser gemeinsames Feuer brannte ein letztes Mal. Wir schlürften gemeinsam Tee aus Keramik-Schalen. Er rann in uns hinunter und heizte uns wie Öfen auf. Der Bärtige und seine Frau teilten ihr Brot mit uns, und wir stopften große mit Honig bestrichene Brocken in den Mund.

An diesem Tag kamen wir nicht weiter als bis zur Hütte Begovica, die wir am vorhergehenden Tag zu finden versucht hatten. Es war nur so, dass wir tatsächlich die abgestiegenen Meter wieder ersteigen mussten und wir ganz plötzlich mit weißen, sehr markant gehörnten Kühen konfrontiert wurden. Noch unten im Tal hatten uns ein paar Leute, die am Wegrand Picknick machten, eine Melone und Tomaten geschenkt. Unterwegs sammelten wir Blaubeeren und vertilgten alles auf einmal. Eigentlich war es unser Ziel gewesen, am selben Tag noch bis zur Pirin-Hütte zu gelangen und die restlichen 30 Kilometer bis Melnik – am Südhang des Gebirges – zu laufen oder mit einem Fahrzeug zu bewältigen. Aber wir kamen nicht weiter als 200 Meter hinter die Hütte, schließlich war es schon später Nachmittag.

Die darauffolgende Nacht verbrachten wir in einem gemieteten, auf Holzbrettern errichteten Zelt. Als wir es das erste Mal öffneten, zogen sich unsere Brauen zusammen und bildeten fragende, zweifelnde Falten. Die Laken waren zerwühlt und zusammengeknüllt. Ein entsetzlicher, süß-saurer Geruch machte sich breit. Es hatte den Anschein, als hätten schon hunderte vor uns hier geschlafen und kein einziges Mal wäre die Wäsche gewechselt worden. Jeder hatte sein Bett so zurück gelassen, wie er aus ihm hinaus gestiegen war. Ein paar Wolldecken waren zwischen den Laken eingewickelt. Ungeziefer krabbelte herum.

„Wollen wir den Ekel überwinden?“, fragten wir uns. „Los!“ Mit zwei Fingern griffen wir in den ekelhaften Haufen, ohne zu wissen, was vielleicht noch alles dazwischen liegen könnte. Wir schoben die Laken zur Seite, holten uns nur die Wolldecken und hüllten uns in unsere Schlafsäcke. Die Kälte zog allmählich durch die Zelt-Wand.

Wer weiß, woran es lag, vielleicht war es das stinkende Zelt oder auch das bunte Essen gewesen: Babette begann sich nachts unruhig hin und her zu wälzen. Dann rannte sie hinaus, um sich hinter dem Zelt zu übergeben.

„Na, erleichtert?“, fragte ich sie, als sie zurückkam. Sie suchte in ihrer Kraxe nach einem Kaugummi und wickelte sich wieder in die Decke ein.

Ich schlief ein. Als ich nach kurzer Zeit wieder erwachte, wusste ich nicht so recht, ob ich es mir einbildete oder nicht, aber auf einmal fühlte auch ich mich unwohl.

„Babette, wo bist du vorhin hingegangen?“, fragte ich sie vorsichtshalber noch mal, obwohl ich es ja gesehen hatte. Ich folgte ihrer Wegbeschreibung und wiederholte, was sie vor ein paar Stunden getan hatte. Auch ich wickelte mich in die Decken ein. Längst war es mir egal, wie sie aussahen. Hauptsache, sie wärmten.

„Geht’s dir wieder gut?“, fragte mich Babette am Morgen.

„Okay“, sagte ich im Liegen. Beim Aufstehen änderte sich jedoch mein Befinden. Mir war flau, heiß und kalt, ich hatte Bauchschmerzen. Wie sollte ich in dieser Verfassung weiter wandern? Der große Anstieg bis über die Baumgrenze stand uns bevor. Wir aßen nichts weiter und zogen los.

Babette hatte Vitamin-Tabletten bei sich und Pulver, das wir an den folgenden Quellen auflösten. Ich trank das Konzentrat, ohne anfangs eine Wirkung zu spüren. Aber nach und nach stärkte es mich. Wir stiegen aufwärts. In meiner Regenjacke entwickelte sich eine Art Treibhausklima. Wanderer überholten uns, und wir legten immer häufiger Pausen ein. Wir stiegen aufwärts, bis wir endlich die Baumgrenze erreichten und zu unseren Füßen wieder spärliches Gras wuchs. Nach einer Weile erreichten wir ein Tal mit einem sich schlängelndem Fluss, Schafherden und wild verstreuten Gesteinsbrocken. Erst nach weiteren Stunden einsamen Wanderns gelangten wir auf ein verlassenes Gehöft, ähnlich wie zuvor auf der langen Tour. Eine alte Petroleumlampe hing an einem Haken, daneben eine Vogelscheuche. Der Boden war aufgewühlt, als wäre er durchgepflügt. Kleine Katen drängten sich aneinander. Keine Menschen, nur Schafe und Pferde. Langsam liefen wir durch das Gelände, folgten dem Weg und traten beinahe in ein totes, auf dem Erdboden dahin faulendes Schaf. Im letzten Moment wichen wir zurück. Immer wieder begegneten wir in dieser Steinwelt jenen toten Dörfern - stummen und doch schreienden, unbewohnten Siedlungen.

An einer Kreuzung führte der Weg geradeaus zur Pirin-Hütte, und rechts bog die auf der Karte sichtbare Straße - vielmehr ein befestigter Weg - nach Melnik ab. Die Wegkreuzung lag frei. Auf der linken Seite erstreckte sich ein Garten, in dem eine Laube stand. Auf ihrem Dach saß ein Mann, der Holzbretter befestigte. Mitten auf dem Weg parkte ein LKW mit dem Autokennzeichen von Melnik.

„Ich werde mal fragen, ob der LKW ihm gehört und er heute noch nach Melnik fährt“, sagte ich zu Babette. Ich schlich mich vorsichtig zwischen den Pferden vorbei, die im Gelände umher trabten. Der Mann hörte meinen Ruf, drehte sich um und sprach vom Dach zu mir herunter. Seinen Worten entnahm ich, dass wir noch zwei Stunden warten sollten, dann würde er fahren. Er hämmerte weiter.

Wir legten uns auf die Erde und ruhten uns aus. Ja, es schien, als hörten wir das Herz der warmen, bulgarischen Erde klopfen, als wir uns auf das Gras legten und den Duft der Kräuter inhalierten.

Der LKW wendete. Inzwischen hatte sich seine Ladefläche gefüllt. Die Alten mit ihren sonnengebräunten Gesichtern setzten sich zusammen, um miteinander zu schwatzen. Wir saßen eng aneinander gereiht, auf mit zerschlitztem Leder bezogenen Pritschen. Jungen, die tagsüber auf den Feldern mithalfen, stiegen zu. Einer von ihnen, etwa 13 Jahre alt, setzte sich neben mich. Der LKW schüttelte uns durch, und auf dem ersten Teil des Weges schien er bald umzukippen.

Ein schwarzhaariger Junge stand auf dem LKW mir direkt gegenüber. Er hielt sich am Geländer fest und verständigte sich durch Blicke mit meinem Nachbarn. Die beiden lächelten, schielten zu uns herüber und sprachen ein paar Worte miteinander, die in Lachen getränkt waren. Fuhren wir an grünen Zweigen vorbei, die vom LKW herunter gedrückt wurden, so streiften uns diese. Der Schwarzhaarige riss sie im Fahren ab und steckte sie ans Geländer. Sein Mund war von seinem ständigen Lachen weit geöffnet. Der Junge neben mir rückte immer näher und begann mit schriller Stimme zu singen: „Leka noooooscht.“ Dabei lächelten sich die beiden vielwissend an, als wäre es ihr Erkennungszeichen. Sie dachten wohl, ich verstünde es nicht. In diesem Lied ging es um die Nacht, um eine „gute Nacht“, und sie wurde mit einem sehr zweideutigen Unterton gewünscht, bzw. gesungen. Er rückte näher, sah aber unaufhörlich den Schwarzhaarigen an. Sie lachten und machten sich eindeutig über uns lustig. Der LKW holperte und fuhr Serpentinen. Wir schraubten uns ins Tal. Einige der Alten schliefen und ihre Köpfe baumelten wie die Blütenblätter verwelkter Blumen hin und her. Mich nervte der Annäherungsversuch meines Nachbarn.

Die abgerissenen Zweige, die am Geländer befestigt waren, begannen zu vibrieren, als der LKW schneller wurde, wir die nächsten Dörfer erreichten und uns Melnik näherten. Eine Hülle aus Staub und zunehmender Trockenheit legte sich über die auslaufenden Berge. Hinunter, hinunter fuhren wir, nach Melnik, dem Backofen. Ein Backofen, der durch die hohen

Sandfelsen abgeschlossen war, in dessen Zentrum sich alles vor Hitze, vor trockener Hitze wellte und die Luft scheinbar knisterte.

Nur die Nacht schien einen kleinen Spalt zu diesem Öfchen zu öffnen, durch den geringe Abkühlung drang. Sie wurde spürbar, als wir nach einem Fluss-Bad einschliefen.

Der ölige Geruch gebratener Kebaptscheta mischte sich unter. Griechische Musik dudelte in der Ferne leise wie prickelnde Kohlensäure.

Wie soll man jeden Tag mit Worten voll ausschöpfen? Es ist, als ob man mit einer großen Schöpfkelle versuche, Suppe aus einem Topf heraus zu löffeln. Ein kleiner Rest bleibt immer im Topf zurück, den die Kelle einfach nicht aufnehmen kann.

So liefen wir am folgenden Tag barfuß im vertrockneten Flussbett, suchten den Weg, der auf die Sandfelsen führen sollte, um zum Roshen-Kloster zu gelangen. Der Weg grub sich noch bis zu einer gewissen Höhe in die Felsen, versiegte dann. Die Hitze quälte Babette. Sie warf beim Laufen ihre Beine gelangweilt vor sich her, atmete erschöpft, mit leidendem Gesichtsausdruck aus.

Am Nachmittag wünschte ich mir ein Holzwurm zu sein. Ein Jeep hatte uns unerwartet zum Roshen-Kloster mitgenommen. Hinein in das kühle, uralte Holz. Wir saßen still und wollten nicht mehr aufstehen. Wir bliesen die klebrige Hitze aus uns heraus und sogen die Kühle auf. Die Jahre und Jahrhunderte, die sich in diesem Kloster zusammengerieselt hatten, reckten sich vor uns wie hunderte mahnende Zeigefinger in die Höhe. Und wir waren von ihnen gebannt. Wir saßen einfach da, ohne daran zu denken, einmal wieder aufstehen zu müssen. Wir vergaßen das Aufstehen.

Es geschah noch einiges an diesem Tag.

Babette legte sich in den Schatten des Klosters und schlief ein. Abends trieb ein Alter in Melnik seine Ziegenherde über die Straße. Sein linker Fuß ähnelte einem Huf.

In Melnik, auf der anderen Seite des Flusses wurde ein Toter zu Grabe getragen. Die Klänge der Blasinstrumente des Trauerzuges kamen über den Fluss gekrochen. Die Luft wurde zertrompetet und zer- was- weiß- ich-noch. Es war noch einiges mehr. Aber wie gesagt, ein Rest bleibt immer im Topf zurück. Er ist einfach nicht heraus zu holen…

Nachts auf der Europastraße 79

Der Tag floss ab wie Restwasser in der Badewanne. Murmelnd kullerte er in das Tal „Gestern" hinunter. Die Gespräche gingen in Flüstern über. Das Tageslicht wurde schwach. An allen Stellen des Zeltplatzes trug man Reisig zu kleinen Haufen zusammen.

Babette kam gelangweilt ins Zelt.

„Ich hätte Lust, heute Nacht noch nach Sofia zu trampen. Morgen früh könnten wir schon bei Franziska sein. Ich hätte wirklich Lust dazu."

Ich fand nur zwei Worte: „Ich auch."

Damit war alles gesagt. Es gab nichts mehr zu überlegen. Zwei Launen hatten sich gefunden und ihre Übereinstimmung festgestellt.

Als wir unser ganzes Hab und Gut wieder auf dem Rücken trugen und durch den Fluss wateten, erregten wir an jedem Feuer, an jedem Zelt, an dem wir vorbei kamen, Aufsehen.

„Wohin wollt ihr denn jetzt noch?"

„Nach Sofia!"

„Jetzt noch? Jetzt fährt doch kein Bus mehr!"

Wir schlängelten uns zwischen den Feuern durch. Die anderen Wanderer hatten ihr Ziel erreicht, und wir brachen auf. Überall wurden Konserven an die Feuerstellen herangetragen. Der Duft gebratenen Fleisches streifte uns. Wir verließen den Zeltplatz und die staunenden Gesichter.

Zunächst lagen 13 Kilometer Landstraße vor uns. Erst dann würde die Landstraße in die Europastraße nach Sofia einmünden, in jenes leuchtende Fließband, auf das wir umsteigen wollten.

Die Landstraße, der schmale Streifen, die wie eine „Hornhaut" inmitten der weichen Haut der Landschaft lag, brachte uns aus Melnik hinaus. Die Dunkelheit senkte sich langsam auf uns herunter. Sie glich einem Pfropfen, der alles unter sich abzuschließen versuchte. Aber während sie von oben herab kam, floss sie gleichzeitig horizontal in die Breite, legte sich klebrig und breiartig übers Land.

Wieder öffnete die Nacht ihren Mund. Allmählich, ganz allmählich entrann ihm zunächst nichts weiter als Stille, die in die Poren der Dunkelheit eindrang und mit ihr verschmolz. Dann aber begann das Zirpen der Grillen die Stille zu zerschnipseln. Jene sich jagenden, pulsierenden Morsezeichen kamen hinter Bäumen und Büschen hervor, die ihre Äste Kraken ähnlich und wirr in das Dunkel bohrten und verfitzten, nach allen Seiten stehenden Haaren glichen. Kein einziges Fahrzeug kam entlang. Ein paar Lichter blinkten auf den Weinbergen.

Anfangs redeten wir viel, aber als uns nichts mehr einfiel, beschlossen wir zu singen, um das Gefühl der Einsamkeit zu vertreiben. Kaum hatten wir ein Lied beendet, fiel uns ein neues ein, das wir zusammen sangen. So liefen wir weiter, ohne zu wissen, wo wir waren, ohne zu wissen, wie spät es sei.

Es war etwa nach zwei Kilometern, als wir an eine Straßengabelung gelangten. Rechts schlängelte sich die Straße zu den Weinbergen hoch. Ihre linke Weiterführung schien mir dagegen glaubhafter für unseren Weg.

„Ein Schild!“ Ich machte Babette darauf aufmerksam. Unsere Augen hatten sich an die Dunkelheit gewöhnt. Aber um zu lesen, was darauf stand, mussten wir ganz nah heran treten. Große, schwarze Buchstaben setzten sich zusammen zu: „Achtung, Grenzzone!“

„Also rechts“, sagte Babette.

“Warum denn?“, fragte ich verwundert.

„Nach rechts, das ist unmöglich, da geht es in die Weinberge."

Soweit ich mich an das vergangene Jahr erinnern konnte, führte die linke Straße zur Europastraße. Ich glaubte in diesem Moment, dieses Schild sei eines der vielen, die sich im Gebiet um Melnik befanden. Melnik selbst lag ja im Grenzgebiet und durfte gerade noch betreten werden. Ich verstand jedoch nicht, dass hier die Grenzzone begann, deren Betreten verboten war. Deshalb folgte auch ohne zu überlegen mein Entschluss.

„Los weiter, nach links!"

Wir sangen wieder. Ein ungewöhnlich hoher Baum, dessen Stamm gleichmäßig, rohrförmig nach oben wuchs und dessen Krone rund wie ein Ballon war, erschien vor uns am Straßenrand. Noch immer kam kein Fahrzeug vorbei. Es blieb uns nichts anderes übrig als zu laufen. Aber die Hoffnung, auf eine befahrene Strecke zu gelangen und winkend im Scheinwerferlicht zu stehen, trieb uns voran.

Neben Babette entdeckte ich ein Licht im Straßengraben. Im ersten Moment schien es einer Taschenlampe zu gleichen. „Aber nein, es wird wohl ein Glühwürmchen gewesen sein", beruhigten wir uns. Weiter, nichts durfte uns aufhalten.

„Wenn ich mein Schatz nicht grüßen darf, tu ich ihm wiiinken, wenn ich…" Auf der rechten Seite, hinter einem im Dunkel kahlscheinenden Hügel flackerte in regelmäßigen Abständen Licht hervor, das wir zuerst als Wetterleuchten deuteten. Aber der Himmel war sternenklar, und dieses Licht wurde, wie wir später bemerkten, von Scheinwerfern an der bulgarisch-griechischen Grenze ausgesandt. Scheibenwischerartig kam es hinter dem Berg hervor. Nur wollte es nichts wegwischen, sondern versuchte, mit seinen Strahlen zu erhaschen, was sich hinter dem Berg befand.

Sahen wir denn nicht, dass wir diesem leuchtenden, immer einen bestimmten Radius ablaufenden Scheibenwischer entgegen liefen?

„Ju ja, grüßen darf, tu‘ ich ihm wiiinken.“

Hinter uns kam das Summen eines Autos näher. Ein Lada hielt. Der Fahrer schaltete das Licht im Wagen ein und leierte das Fenster herunter.

„Zur Europastraße nach Sofia über Sandanski“, bat ich. Er reagierte merkwürdig, murmelte etwas und sagte:

„Kulata“ ,während er auf sich zeigte.

„Kulata??“ Ich konnte nicht begreifen.

„Diese Straße führt nach Kulata?“, fragte ich nochmals. Der Mann bewegte den Kopf wie eine Kugelgelenkpuppe hin und her.

Damit war alles klar. Dennoch, ich konnte es nicht sofort glauben. Wir waren auf die griechische Grenze zugesteuert, auf Kulata, die Grenzstadt. Wir waren bereits in verbotenes Gebiet einmarschiert, mitten in der Nacht, mit Gepäck auf dem Rücken und unter Abgesang deutscher Volkslieder. Wenn wir einem Grenzer begegnet wären, wir hätten nichts mehr erklären müssen, für ihn wäre alles klar gewesen.

Ich sollte dem Fahrer die Karte zeigen. Das matte Licht fiel auf das wellige Papier. Der Abzweig war nicht zu erkennen. Etwa zwei Kilometer waren wir von ihm entfernt, schätzten wir. Zwei Kilometer waren wir also in die Grenzzone eingedrungen. Zufällig kam in diesem Moment aus der Gegenrichtung ein Fahrzeug, das wir anhielten. Der Fahrer sprach kurz mit den beiden Personen im Auto aus der Gegenrichtung, und sie nahmen uns mit zurück bis zum Abzweig. Nun waren wir wieder an dem Schild angelangt, wo ich leichtfertig den Weg bestimmt hatte und mussten die langsam ansteigende Straße entlang laufen. Das Scheinwerferlicht blieb schräg hinter uns zurück.

Hundegebell hüllte uns ein. Wir näherten uns einzelnen Häusern, umgeben von Gärten. Ein Fahrzeug mit zwei stechenden Lichtaugen – kam von hinten. Es torkelte von einer Seite zur anderen. Die Bremsen quietschten. Auf dem Hintersitz saßen - eng aneinander gedrängt - vier oder fünf Mädchen. Sie kreischten und kicherten. Aus dem herunter geleierten Fenster wehte mir Alkoholgeruch entgegen. Glänzende Augenpaare blickten mich an. Die Mädchen prusteten. „Nein, danke", dachte ich, „mit denen nicht, das ist mir zu gefährlich." Wir entfernten uns von ihnen, liefen weiter. Sie fuhren wieder an und brausten weiter.

Endlich begann die Straße, in lang gestreckten Serpentinen nach unten zu führen. Vor uns, noch etliche Kilometer entfernt, blinkten kleine Lichter. „Dort könnte Sandanski, an der Europastraße sein", vermuteten wir.

Wir liefen am Straßenrand entlang. Aus der Gegenrichtung kam mit hoher Geschwindigkeit ein Auto gefahren. Anstatt aber die Außenkurve zu nehmen, steuerte es auf die Innenseite zu, auf der wir liefen. Wir schreckten zurück und drückten uns an das Straßengeländer. Wortfetzen kamen aus dem geöffneten Fenster heraus geflattert, die ein Junge, der während der Raserei seinen Kopf hinaus hielt, schrill entsandte.

„Sprechen Sie deutsch?" Schon war es fort. Abgerissene Fragmente, die in der Dunkelheit eigenartig nachhallten. Anscheinend hatten wir uns gegenseitig erschreckt.

Wenige Minuten später näherte sich von hinten ein Auto mit vier Männern. Sie nahmen uns mit, obwohl sie kaum Platz hatten und erzählten, sie wären in einem Weinkeller in Melnik gewesen. Es dauerte nicht lange, und die Belästigungen begannen. Der einzige Vernünftige schien der Fahrer zu sein, aber seltsamerweise hielt er seine Kameraden nicht zurück.

„Schau auf die Karte, schau, ob wir schon an der Europastraße sind!“, rief Babette. Aber ich konnte nichts sehen, da mich einer der beiden zu sich herum drehte, mich fast zerdrückte und ich glaubte, ersticken zu müssen. Dennoch versuchte ich mich los zu lösen und an jeder Kreuzung nach den Schildern zu schielen. Wir kreuzten eine große Straße. Ich entdeckte eine Kilometeranzeige für Sofia.

Die Richtung stimmte also. Die beiden, die mit uns auf dem Hintersitz gesessen hatten, stiegen aus. Nun entpuppte sich der Fahrer. Er verlangte, dass eine von uns sich nach vorn setzen solle. Die Lage - mitten auf der dunklen, leeren Straße – war unangenehm. Wir steckten uns Zigaretten als Abwehrmittel an, die wir noch zuvor abgelehnt hatten.

„Ach, ihr raucht also doch?“, fragte der Fahrer und schien uns durchschaut zu haben. Das Gepäck war im Kofferraum. Der Fahrer griff nach Babette.

„Lass mich ja los, ich steck dir sonst die Zigarette ins Gesicht!“, drohte Babette und hielt ihm den Glimmstängel vor die Nase. Sie gaben endlich nach und öffneten den Kofferraum. In der Aufregung ließen wir die Bulgarien-Landkarte liegen. Sie fuhren ab - in die Richtung, aus der wir gekommen waren. Wir atmeten auf.

Da waren wir also auf der Europastraße. Unter unseren Füßen knackte es. Wir hatten das Gefühl, die Füße nur schwer von der Straße abheben zu können. Was war das? Wir schienen festzukleben. Die Straße war frisch geteert worden. Sollte dies wirklich die Europastraße sein? Babette wollte sich schlafen legen. Sie glaubte nicht mehr daran, dass ein Fahrzeug vorbei käme, die Müdigkeit war völlig über sie hergefallen.

„Bleiben wir hier. Leg dich ruhig hin und schlaf", sagte ich zu ihr, „ich bleibe noch eine Weile wach." Babette legte sich am Straßenrand in ihren Schlafsack. Ich setzte mich neben sie und zündete mir eine Zigarette an. Ich wachte und wartete. Wieder: Das Bellen eines Hundes. Zirpen der Grillen. Zerschnipselte Stille. Wie vor etlichen Kilometern.

Ich klopfte die Asche ab. Seltsame Gedanken gingen mir durch den Kopf, den ich mit beiden Händen aufstützte. Was taten andere zu dieser Zeit? Viele lagen zu Hause in ihren Betten, andere liebten sich, stritten sich, wurden geboren, starben.

„Und du?", fragte ich mich. „Du stehst oder sitzt an der großen ‚Sehne', die sich von Athen nach Sofia spannt. Du bist hierher getragen worden, eben weil du die starke ‚Radialkraft' der Alltagskreisbahn überwunden und dich selbst aus der Bahn hinaus geschleudert hast. Und nun sitzt du neben dem taufeuchten Graben. Deine Gefühle schwappen über, so dass du den Tau als Tränen der Rührung der Natur ansiehst."

Ich tastete mit den Händen über das spärliche, nasse Gras am Straßenrand. Ja, wir hatten den klebrigen Teer gespürt, auf dem wir gelaufen waren. Aber nicht allein mit den Füßen klebte ich an der Straße. Nein, ich klebte ganz an ihr, ich kam nicht weg von ihr in meinen Gedanken. Und plötzlich begriff ich, fand ich die Erklärung für alles: „Ich war kilometerkrank." Während dieser Erkenntnis drückte ich den Zigarettenstummel kräftig auf dem „gerührten" Gras aus. Ein paar Minuten dämmerte ich vor mich hin. Dann aber bohrten sich zwei große leuchtende Augen durch das Dunkel und kamen die Straße entlang gekrochen.

„Babette, komm schnell, pack' alles zusammen, das scheint ein Laster zu sein." Ich winkte. Er blinkte und hielt. Ein Fernlaster. Babette sah mit verschlafenen Augen in die beleuchtete Fahrerkabine. Der Fahrer packte die Kraxen an und schob sie in die Schlafkabine. Wir stiegen hoch auf den fahrenden Thron. Morgen früh sollten wir in Sofia sein. Der Fahrer war Grieche und seine größte Leistung bestand darin, dass er nach einer Weile schwieg. Eine ungeheure Wohltat, eine Art, die Würde ausstrahlte.

Wir saßen beide vorn neben dem Fahrer. Das monotone Brummen schläferte ein. Meine Augen fielen immer wieder auf das grüne Licht des Tachometers. Die Gedanken verbanden sich mit einem faden Mundgeschmack. „Jetzt nicht einschlafen, jetzt nicht, jetzt…" Und schon war ich wieder „weg", wachte aber beim nächsten Ruck abermals auf; meist dann, wenn er den Gang wechselte. Meine Augen glichen den Schiebetüren zwischen Zugwaggons. Wenn man sie nicht mit den Händen aufhielt, schlossen sie sich, als würden Unter- und Ober-Lid einander magnetisch anziehen. Und immer bevor sie sich gänzlich schlossen, sah ich noch die im Scheinwerferlicht glänzenden Kilometerschilder auf mich zukommen, die schließlich zu einem schmalen Streifen wurden. Jedes Mal fühlte ich dabei eine gewisse Inkonsequenz, die ich beim nächsten Aufwachen nicht wiederholen wollte.

Babettes Kopf baumelte und stieß in rhythmischen Abständen gegen die Tür. Mal betrug eine Schlafphase zehn, mal zwei Kilometer. 180 Kilometer setzten sich aus krampfhaften, vergeblichen Bemühungen zusammen, wach zu bleiben. Auf der großen „Sehne", die uns vor wenigen Tagen der Alte nach Bansko gefahren hatte, fuhr uns der Grieche zurück.

Einige Bahnstationen vor Bakston setzte er uns ab. Es war halb vier. So zeitig wollten wir jedoch Franziska nicht wecken. Allein in der fremden Wohnung, hätte sie das Klingeln am frühen Morgen erschreckt. Schließlich rechnete sie noch nicht mit unserer Rückkehr.

Sofia, morgens halb vier - das war die Zeit der Müllfahrer, die Zeit des Hüstelns, das aus offenen Fenstern drang, die Zeit des Sich-noch-einmal-Herumdrehens. Wir liefen die leere Straße hinunter. Die Bahnen fuhren noch nicht. Der Morgen quietschte ganz langsam heran. Aus jeder Ecke kamen Geräusche hinzu, ähnlich einem Orchesterraum, der sich füllte, um mit dem Stimmen zu beginnen.

Wir kamen an einem Laden vorbei, vor dem Kästen mit Kisele mljako – saurer Milch - aufgebaut waren. Wir nahmen uns einen Becher und legten acht Stotinki auf einen Metallteller. Mülltonnen, die ausgekippt wurden, schepperten blechern. Die hohen, bienenstockähnlichen Wohnblöcke erschienen vor uns.

Wir waren wieder in Bakston. Fünf Tage waren wir weg gewesen, hatten die steinerne Welt durchquert. Nun warteten wir unterhalb eines Blocks auf einer kaputten Holzbank. Da oben lag Franziska und ahnte nichts von uns.

Die Häuser atmeten die stickige Tagesluft aus, ihre Türen waren weit geöffnet. Fremde Wecker rasselten. Nach und nach wurde es in einigen Fenstern hell. Das Licht in den Hausfluren pflanzte sich von oben nach unten fort. Ich lag auf der Holzbank und schaute nach oben. Wann würde es hell werden, wann würde sich endlich der Pfropfen lösen? Seit 180 Kilometern steckte er auf uns.

„Wollen wir uns wenigstens vor die Wohnungstür legen? Wir müssen warten, bis es hell wird, bevor wir klingeln."

Der Aufzug mit den ekligen Türen drückte uns wieder hoch in den sechsten Stock. Wir horchten an der Tür. Nur durch Zufall hätte Franziska wach sein können. Wir setzten uns auf den Fußboden vor der Tür und lehnten uns an die Wand. Das Flurlicht klickte und weg war es.

Ich schlief ein. Trotzdem spürte ich meine Wirbelsäule, die mir wie ein verbogener Stock vorkam. Die Wand, an der wir lehnten, war hart. Nach etwa einer Stunde wachte ich auf. Hinter der Nachbartür begann es zu scharren. Draußen löste sich der dunkle Pfropfen. Babette horchte wieder an der Tür. Sie hatte Geräusche vernommen und klopfte ganz leise: „ Franziska, he, Franziska,…“

Franziska öffnete einen kleinen Spalt. „Mh“. Sie rieb sich mit der Hand über das ganze Gesicht, und ihre Haare glichen einer aufgeplatzten Matratze. Wir schlüpften durch den Türspalt. Ich legte mich sofort ins Bett. Es war halb sieben. Franziska deckte sich zu und erzählte. Im Halbschlaf hörte ich nur noch: „Ja, heute Abend an der Newski-Kathedrale, 18 Uhr. Ja, vor ein paar Tagen habe ich ihn kennen gelernt.“

Erzählenswert (auch zum Verständnis einiger Bemerkungen in der folgenden Geschichte) erscheint mir die Begegnung mit Feiszula Serafedin, dem Jugoslawen, der auf Durchreise nach Istanbul war. Als wir am nächsten Tag, nach unserer nächtlichen Rückkehr durch die Geschäftsstraßen liefen, in Boutiquen und Kaufhäusern Kleider, Röcke und Hosen anprobierten, sprach mich vor einem der vielen Läden ein hochgewachsener Mann mit schwarzem, lockigen Haar an. Babette und Franziska waren ganz hingerissen von ihm. Bald merkten sie aber, dass er mich einladen wollte. So trennten wir uns mit der Verabredung, uns 17 Uhr an der Newski-Kathedrale wieder zu treffen.

Seki, so wurde er genannt, führte mich in eine unterirdische Bar eines Super-Hotels. Dass ich ihn nicht so bald wieder loswerden würde, war mir klar. So musste ich meine geplanten Einkäufe mit ihm fortsetzen. Der bekannte „Blusenkauf" trat nun in der Form des Hosenkaufs auf. Ich glaube, noch nie jemanden beim Suchen nach einem passenden Kleidungsstück so genervt zu haben, wie Seki. Dabei geschah es fast unbewusst.

Das Kaufhaus war derartig überfüllt mit den schönsten Dingen, dass ich die Übersicht verlor. Hatte ich an einem Stand eine Hose entdeckt, so probierte ich sie (während Seki die Tasche halten durfte und nur einmal neugierig in die Kabine lugte). Passte diese nicht, fiel mir ein, irgendwo eine andere gesehen zu haben, allerdings auf der anderen Seite der Etage. Waren wir dort, geschah das Gleiche. So musste er ständig mit mir hin und her rennen. Ja, bald hatte ich die Hosensuche aufgegeben. Mir fielen neue Wünsche ein. Kaum waren wir in der Sportabteilung, hatte ich keine Lust mehr und wollte Kleider probieren. Es waren etwa zwei Stunden, die ich mit ihm und meinen wechselnden Wünschen im Kaufhaus verbrachte.

Letzten Endes fanden wir nichts Passendes, und Seki meinte, in seinem Hotelzimmer wohne ein Schneider, der mir Maß nehmen könne. Aber ich konnte mir schon vorstellen, was sich hinter dem „Maß nehmen“ verbarg. So stellte ich mein Interesse an einer Hose lieber in den Hintergrund und ließ Seki mitten auf dem Platz vor der Kathedrale stehen.

Bekanntschaften, die wir schlossen, waren so vergänglich wie Schneeflocken auf warmer Haut. Doch selbst beim Tauen konnten diese kleinen Tropfen noch glitzern, konnten einen winzigen Teil von uns widerspiegeln.

Wenige Tage vor unserer Rückkehr hatte Franziska einen algerischen Studenten namens Reduane kennen gelernt. Als die Glocken der Newski-Kathedrale fünf Mal schlugen, warteten wir ungeduldig, vor Langeweile auf dem Boden scharrend, auf ihn.

Er erschien. Kurzgeschnittenes, gewelltes, schwarzes Haar. Braune, glänzende Augen, die zusammen mit der einen hoch gezogenen Augenbraue verträumte, sentimentale Züge bildeten. Er fasste Franziska Hand. Babette und ich liefen hinterher. Wir liefen durch die verstopften Straßen. Franziskas glockiger Rock schwebte. Nein, wir liefen nicht, wir tänzelten die Straßen entlang. Franziska bewegte sich im Hüpfschritt in ihren Ballerina-Schuhen, mit einem Bast-Korb unter dem Arm. Und immer ihre Hand in Reduanes Hand. Wir hüpften vom Eis-Stand zum Cola-Stand. Babette sprang barfuß durch Kaufhäuser und Straßen. Das Leben war eine Feder geworden. Es litt gewaltig an Untergewicht. Und dass Untergewicht mitunter krankhaft werden kann, war mir wohl bewusst.

Wie leichtfüßig sich auch alles um mich herum zu bewegen schien, ich selbst fühlte mich doch schwer, fast so, als dürfte ich keine dieser leichten Rollen mitspielen. Dennoch bemühte ich mich, mich mit hinein zu zwängen. Es war wohl einer jener grässlichen Tage, an denen man sich selbst nicht ertragen kann, an denen man sich für jedes Wort ohrfeigen könnte. Und so war dieser Tag für mich keineswegs geeignet für eine neue Begegnung. Von Anfang an hatte ich keine richtige Beziehung zu diesem Reduane. Er war mir gleichgültig. Freilich, das hätte sich ändern können, wären wir ins Gespräch gekommen. Aber sein Englisch war für mich rein phonetisch nicht zu verstehen. Und dann glaubte ich, er würde meine nur gespielte Leichtigkeit bemerken. Er schien mir ein Haken zu sein, an dem Babette und Franziska hängen bleiben könnten. Sie lagen wohl alle drei auf einer Wellenlänge, und ich kam mir dabei wie ein Störsender vor.

Reduane machte uns den Vorschlag, gemeinsam mit ihm zu seinem Studienfreund zu fahren und dort Abendbrot zu essen. Wir fuhren mit dem Bus kreuz und quer durch die Stadt. Und Franziska jammerte: „Ach, dein schöner Jugoslawe. Es war dumm, dass du ihn stehen gelassen hast."

Die Wohnung des Studienfreundes befand sich in einem Neubaugebiet, entgegengesetzt zur Lage Bakstons. Die Wärme plusterte sich zwischen den Betonwänden auf, und wir schlüpften in einen der vielen kühlen Hauseingänge. Der Aufzug fuhr uns hoch. Reduane hatte wieder Franziskas Hand gefasst. Ihre Augen fielen ineinander, während wir aufwärts fuhren. Babette und ich lächelten uns an.

An einer der Türen stand mit großen goldenen Buchstaben: NEGRI OKBANI. Reduane klingelte und kurz darauf öffnete sich die Tür. Vor uns stand Negri - Reduanes Studienfreund. Er stand da in kurzen Turnhosen, gestreiftem Dress und was mir sofort auffiel, waren seine hamsterähnlichen Gesichtszüge mit dem schiefen Mund, der mir unbekannte Laute formte und krumme, krank aussehende Zähne zum Vorschein kommen ließ. Er strich sich über das extrem kurz geschnittene Haar und ließ uns eintreten, nachdem wir den kratzigen Lauten unsere Namen beigemischt hatten.

Salem Aleikum. Wir betraten den Vorraum. Reduane hängte seine Jacke auf, während er mit Negri sprach, der noch unschlüssig hin und her lief. Fremd und ungewohnt klang ihre Sprache. Immer wieder tauchten jene im Hals gesprochenen kratzigen Laute auf. „Ch, ch, ch." Auf einer Kommode lag ein großer Stapel „Le Monde", in denen wir sofort zu blättern begannen. Negri lief nervös umher und bat uns näher zu treten. Wir setzten uns in die Küche. Babette und Franziska strahlten, tuschelten ab und zu und ich spürte, dass sie sich wohl fühlten. Und dennoch - es war, als wäre zwischen uns ein Graben gezogen worden, über den ich einfach nicht springen konnte. Immer hatte ich das Gefühl, als würden sie mir zurufen: „So komm doch!" Aber ich war ungewöhnlich ummauert, teils von Vorurteilen, teils von dem Gefühl, nur als Reporter da zu sein. Negri hantierte mit dem Tee-Topf herum. Babette und Franziska baten sofort darum, sich duschen gehen zu können und schon verschwanden sie im Badezimmer, durch dessen Tür ich noch gedämpft ihr Lachen hörte. Ich saß wie angepflanzt auf dem Küchenhocker. Das Teewasser summte. Von der Küche hatte man Zugang zu einer Loggia, die mit exotischen, sich hoch rankenden Pflanzen und fünf Käfigen vollgestellt war, in denen Wellensittiche laut und bunt durcheinander zwitscherten. So stellte dieser Raum eine Art Mini-Heimat dar, die mit Leben vollgestopft war.

„You can go into the bathroom".

„Thank you".

Babette und Franziska kamen mit nassen Haaren heraus, und ich trat in das fremde Badezimmer ein, in dessen Waschbecken abrasierte Haare Barthaare lagen.

Ich ging zurück in die Küche. Sie hatten auf mich gewartet und blickten mich an. Gezwungen setzte ich mich auf den leeren Hocker neben Negri. Wir sahen uns an und rührten in den Tassen. Die Sonnenstrahlen donnerten gegen die Glasscheiben. Reduane sah Franziska fragend in die Augen. Reduane – der Sentimentale. Franziskas Worte plumpsten in die Stille.

„Schon am ersten Tag war er traurig, weil er an unseren Abschied dachte."

Wir hörten algerische Musik. Reduane und Negri sangen mit. „Ch, ch." Negri wiegte beim Singen seinen Kopf hin und her. Die gezupften Töne jaulten, zitterten und hörten sich verbeult an. Mal folgten sie ganz schnell aufeinander, und Negris Mund formte plappernd die gesungenen Laute nach, dann spannten sie sich wieder bis zum scheinbaren Zerreißen. Und Reduane bewegte seinen Mund in geistiger Abwesenheit. Wir beobachteten sie.

„Sophien!" Negri erhob sich, ging zur Tür, die zur Loggia offen stand.

„Ch, ch, ch". Er kauerte sich. Eine kleine Katze kam geschlichen. Er hob sie hoch.

„Das ist Sophien". Er ließ sie wieder los, und sie schlich unterm Tisch an unseren Beinen herum.

Babette und Franziska überwanden schnell ihre Beklommenheit. Auf Packpapier, in dem zuvor noch Würste eingepackt waren, begannen sie, französische Worte sowie unsere Namen und Adressen zu schreiben. Das Papier ging hin und her. Und je mehr es sich mit Worten füllte, desto gesprächiger wurden sie. Der Graben zwischen uns wurde breiter. Und als Franziska einmal zu mir schaute und fast mitleidig sagte: „Ach, warum hast du deinen schönen Jugoslawen nicht mitgebracht?", wusste ich, worum es ging. Wir waren in einer ungeraden Anzahl. „Warum bin ich hier?", fragte ich mich. Ich fand keinen Anschluss, so als wäre ich an eine falsche Nummer geraten. Ich begann mich zu langweilen. Langeweile - eine drückende Maske. Man betrügt sich vor sich selbst, tut so als würde man sich für etwas interessieren. So begann ich in einer der „Le

Monde“ zu blättern, obwohl ich nichts verstand, griff zur nächsten und nahm alle möglichen Gegenstände in die Hand.

Unser Fließband stagnierte. Tatsächlich, an diesem Haken war es stehen geblieben. Die Runde in der Küche hatte sich aufgelöst. Wir dösten durch die Wohnung. Da entdeckten wir, dass von der Loggia aus wiederum eine Glastür in ein Zimmer führte. Ebenso war dieses Zimmer vom Vorraum aus zu erreichen. Negri ließ uns eintreten. Der gesamte Raum, darunter auch die Decke, war mit roter Stofftapete bedeckt, und in der Mitte des Zimmers, stand ein großes breites Bett, auf dem eine ebenso rote Bettdecke lag. An der Decke hing ein gläserner Leuchter, und als das Licht eingeschaltet wurde, sahen wir, dass die Strahlen durch bläuliches Glas drangen. Dieser salonähnliche Quader wirkte fast seriös. Aber was den vornehmen Stil abrupt brach, war eine große Schlenker-Puppe, die schief an der Wand hing, direkt über dem Bett. Auf dem roten Filzteppich stapelten sich Bücher. „Le Monde“ häuften sich auf dem Nachttisch. Durch die gläserne Front konnte man vom Zimmer aus die Käfige auf der Loggia sehen. Die zentrale Stellung des Bettes war eine architektonisch raffiniert erdachte Lösung, die diesem Möbelstück die Funktion einer Insel gab, um die sich alles herum drehte und bewegte. Sophien kroch unter der „Insel“ hervor, machte einen Sprung und saß auf dem Bett.

„Wir haben heute Schallplatten gekauft, sechs verschiedene. Wollen wir uns eine anhören?“

„Metamorphosen“. Reduane hielt eine der Platten in der Hand, drehte und wendete sie, und wir legten sie auf. Metamorphosen – elektronische Musik. Bach, Debussy, Monteverdi, Prokofjev.

Wir setzten uns. Franziska saß auf dem Fußboden, an die rote Wand gelehnt. Neben ihr Reduane auf einem Stuhl, die eine

Hand in Franziskas, den Kopf zurück gelehnt, mit dem rechten Auge zur Decke aufschauend. Babette saß auf dem Bett im Schneidersitz. Negri halb sitzend, halb liegend. Ich mit gehockten Beinen am Kopfende des Bettes, im Inneren beengt. Die Töne kamen in den Raum gequollen. Sie kamen und verschwanden nicht, sondern blieben und rieben die Luft auf. Mehr und mehr füllte sich der Quader, in dem wir saßen.

„Sieh mal", Franziska zeigte zur Decke. Wir veränderten unsere Lage nicht, sondern hoben nur unsere Köpfe. Das Licht, das durch das bläuliche Glas drang, warf Kringel an die rote Decke, die sich überdeckten und verschwammen. Das Rot der Decke verschmolz mit dem Blau des Glases zu Violett, das uns einen künstlichen Himmel baute. Die Töne schienen all den Dreck und Oberflächenstaub von unserem Inneren abzutragen. Es glich einer wunderbaren Reinigungsaktion. Wir schwebten in einem roten Ballon, getragen von fuchtelnden Tönen. War ich zu schwer für den Ballon? Zog ich ihn nicht hinunter? Was sollte ich hier?

Ich sah zu Franziska. Ihre Wangen glühten, ihre Augen waren feucht, und beim Ausblasen des Rauches spitzte sie die Lippen außerordentlich stark zu, hob ihren Kopf zu den violetten Kringeln empor. Ihre Haare waren durch einen Reif gebändigt, und ihr markantes Gesicht verriet nur dieses eine Wort:„High". Wir schwiegen uns aus. Kein Wort fiel. Wir trieben dahin und schwebten. Bis das Riff kam. Klick. Die Platte war zu Ende. Die Stimmung brach wie brüchiges Eis.

„Fühlst du dich wohl?", fragte mich Babette im Schneidersitz.

„Mh". In diesem Moment glaubte ich, dass es nun offensichtlich wurde, dass ich nur eine Maske trug. Ich bejahte also, wenn auch nicht gerade überzeugt, denn in mir sah es ganz anders aus.

Zufälligerweise griff Reduane nach einer anderen Platte und entdeckte „Paul Anka“ – Hits aus den 60iger Jahren. Er legte sie auf und begann durch den Raum zu tanzen. Ich hörte und sah alles wie durch einen dämmrigen Schleier, der von mir nicht zu durchbrechen war. Starr und unbeweglich erschien ich mir, unfähig, noch einen einzigen vernünftigen Satz von mir zu geben. Ich hörte immer noch Franziskas Worte: „Dein schöner Jugoslawe…“.

Reduane war in der Küche verschwunden. Dann erschien er an der eigentlichen Zimmertür mit einem kleinen Tablett, auf dem Gläser standen. Cola-Wodka, Martini… Für jeden ein Glas, mehr war nicht da. Die Musik dudelte. Ich trank einen Schluck. Die Töne der Platte begannen mich zu zwicken.

„Lasst mich bitte tanzen!“ Babette und Franziska starrten mich an und lachten. „Na los“.

Die Töne krabbelten und zwickten. Das Rot der Tapeten strahlte. Und auf einmal spürte ich, dass ich in eine ungewöhnliche Rolle schlüpfen sollte. Ich stand vor den vier Sitzenden und verlangte Negris Dress, da mein Kleid beengte. Ich probierte einige Bewegungen aus. Die Musik begann mich zu peitschen. Und während meine Füße drehbar wurden und sich meine Hände in der Luft verwickelten, sah ich, wie die anderen gebannt da saßen, hörte ich ihre Stimmen und ihr Staunen: „Toll, sie tanzt völlig ungehemmt“. Jede Bewegung wurde möglich. Der Rhythmus tyrannisierte mich und ich versuchte, ihn in den Boden zu stampfen. Mein Gehör sog Paul Ankas Lieder auf, und parallel dazu reagierten meine Arme, Hände, Beine – mein ganzer Körper.

PUT YOUR HEAD ON MY SHOULDER, WHISPER IN MY EAR-BAAAABY!

Babette und Reduane waren aufgesprungen und füllten die Fläche um das Bett. OH PLEASE; STAY WITH ME;

DIANA;... CINDERELLA; PRETTY; PRETTY; PRETTY CINDERELLA....

Wir ertranken in Musik.

Ich begann innerlich aufzudrieseln. Ich hörte meine Stimme wie von außen und schien aus mir heraus zu tanzen. Und als ich meine Hände in der Luft nach oben wickelte, sah ich die violetten Lichtkringel an der Decke, zu denen ich meine Füße hinauf schwingen wollte. War eine Platte zu Ende, legte Reduane eine andere auf, und ich war mit jeder einverstanden. War es nicht längst Morgen? Nein, es war erst Mitternacht. Franziska und Babette fielen von hinten über mich her und küssten mich: „Ach, du bist herrlich!"

Während mich die Musik knechtete, konnte ich alles um mich herum nur flüchtig aufnehmen. Ich sah wohl, wie Babette und Negri auf dem Bett saßen, aber längst nicht mehr alle Sachen am Leib hatten. Sie saßen aneinander gelehnt und starrten mich an. Unwillkürlich, mir völlig unverständlich, bekam ich das Gefühl, sie mit meinem Tanz alle glücklich machen zu wollen. Ich sah etwas Weißes – Babettes Körper und etwas Dunkles – Negri. Wie Schokoladen- und Vanille-Eis, das im warmen rotgefärbten Licht miteinander verschmolz. Wurde die Musik langsamer, streichelte sie mich zu Boden, und ich spürte den Filzteppich unter mir. Franziska und Reduane tanzten über mich hinweg. Aus der Teppichperspektive sah ich die Lichtkringel. Sophien stolperte unter der Bettdecke hervor. Ich war noch so den Tönen verfallen, dass ich nicht bemerkte, dass niemand mehr im Zimmer war. Nach einer Weile trieb es mich zufälligerweise in den Flur, und ich klinkte kniend an der Nebentür. Sie war verschlossen. Ich wusste, dass Babette und Negri in diesem Zimmer waren. Durch die Glastür sah ich einen großen Schatten. PUT YOUR LIPS TO MINE DEAR.

In der Küche saß der sentimentale Reduane, auf seinem Schoß Franziska.

„Die Tür ist zu, die Tür…!" Franziska lächelte.

„Na, lass sie doch."

Ich schüttelte den Kopf über die einfachsten Dinge der Welt. Es war nach Mitternacht. Die Platte lief weiter. Ich setzte mich in die Küche. Wahnsinniger Hunger überkam mich. Ich setzte mich vor den Kühlschrank, löffelte Senf und kam mir seltsam hilflos vor. In diesem Moment öffnete sich die Küchentür und Babette erschien. Soweit ich mich erinnern kann, hatte sie nichts als ein weißes Laken um. Ihre Haare waren verschwitzt und standen zu Berge. Sie lachte nur. Ich malte auf Packpapier herum. Die Uhr zeigte zwei.

Babette und Negri legten sich schlafen. Was danach geschah, ist mir nicht klar. Ich muss noch irgendwie in den roten Quader gelangt sein und mich dort quer auf das Bett gelegt haben, so dass Franziska und Reduane keinen Platz mehr hatten.

Quietschende Töne weichten am Morgen meinen Schlaf auf. Ich öffnete langsam meine Augen. Durch die Glasfront der Loggia fielen Sonnenstrahlen in den roten Raum. Langsam erkannte ich das Quietschen. Es war das laute Gezwitscher der Vögel in den Käfigen. Ich brauchte eine Weile, um zu mir zu finden. Ich lag auf der roten, flauschigen Bettdecke in Negris Dress, wie falsch verpackt. Vor dem Bett entdeckte ich Franziska auf dem Fußboden. Die Tür zum Flur war offen. Draußen im Flur lag Reduane. Sophien kam gekrochen. Franziska rekelte sich. „Mh". Die Sonnenstrahlen krabbelten das Glas.

„Ach du", sagte Franziska, „wegen dir konnten wir nicht ins Bett. Du hast quer über dem Bett gelegen." Sie tastete von unten nach dem Plattenspieler. Metamorphosen.

„Ch, ch, ch." Negri kam zur Tür herein. Erstes Klappern in der Küche. Reduane nickte mir zu.

„Good Morning“.

„Good Morning, Reduane“. Ich streckte mich auf der Decke. Die Nacht war längst davon geflattert. Stumm saßen wir am Frühstückstisch und tunkten trockene Kekse in den Tee. Ich humpelte durch die Wohnung. An meinen Füßen hatten sich zwei große Blutblasen gebildet, so dass ich kaum laufen konnte.

Wir fuhren zurück in die Wohnung in Bakston. Mit zertanzten Füßen hinkte ich barfuß durch die Straßen.

Gegen Mittag kam Tante Rosa, die ab und zu nach dem Rechten sah. Wir wuschen unsere Sachen und hängten sie auf dem Balkon auf. Die Betonklötzer schienen vor Hitze zu pulsieren. Paul Anka sang wieder. Der Tag bis zum Abend verging mit Essen machen, Waschen und Karten schreiben und offenen Fenstern. Um uns herum tänzelten noch die Fetzen des zerplatzten Abends wie verbrannte, aufgewirbelte Rußteilchen.

Wir hatten Tante Rosa so verstanden, dass sie das Wohnzimmer aus irgendwelchen Gründen abschließen wollte. Deshalb räumten wir unsere Sachen heraus. Am nächsten Tag sollte das Fließband weiterlaufen in Richtung Meer, über gigantische Straßen im Stara-Planina-Gebirge, über den Schipka-Pass, durch das Rosental und über die Hauptmagistrale bis nach Burgas.

Nachmittags trafen wir uns wieder mit Negri und Reduane. Ich wusste, dass dieser Abend nicht wieder so werden konnte wie der vergangene. Sie wollten an einen See außerhalb der Stadt fahren. Ich trabte hinter den zwei verliebten Paaren am windigen Ufer des Sees entlang. Nun fühlte ich mich noch überflüssiger als am vorangegangen Nachmittag.

„Du könntest doch heute Abend wieder so toll tanzen…“, sagten Babette und Franziska auf der Rückfahrt im Bus. Es war geplant, wieder zu Negri zu fahren. Ich schluckte. „Ich bin nicht der Narr von gestern Abend“, dachte ich. Ich war beleidigt, da sie nicht merkten, dass mir ihr Benehmen weh tat. Schließlich waren wir zu dritt hier. Wie sollte das erst in den folgenden Wochen werden?

In der Wohnung hatte ich einen Kloß im Hals. Es war, als wenn ein Korken in den Flaschenhals gerutscht wäre. Ich saß nur apathisch herum. Negri bereitete das Abendbrot vor. Geröstete Paprikaschoten, Tomaten, kleine Käsestücken, die Babette heimlich hinter seinem Rücken wegschnappte. Wir löffelten Suppe.

„Es ist noch Suppe da“, lachte Babette, schaute Franziska an und sie sahen zu mir. Sie merkten, dass ich keinen Ton mehr sagte. Elton John jammerte sentimental von der Platte. Nach dem Essen setzen wir uns wieder in den Quader. Und alles sollte eine Wiederholung des vorangegangenen Abends sein. Reduane und Franziska verschwanden, um draußen spazieren zu gehen. Babette und Negri saßen im Zimmer. Babette rauchte. Sie blickte mich an. Von der Platte kam „Rest your love on me“ - ein Lied, das unter die Haut geht.

„Sag mal“, fragte Babette, „würde es dir etwas ausmachen, wenn ich mit Negri mal kurz in das andere Zimmer gehe, wir…?“ Ich blieb allein im Zimmer. Keiner kümmerte sich darum, was ich machen sollte. Ich schaltete das Licht aus. Das Lied trieb mir die Tränen in die Augen. Ich lehnte meinen Kopf an die Fensterscheibe. Sie beschlug. Ich konnte kaum noch schlucken. Sophien schlich heran. Ich streichelte sie. Ich legte mich auf das Bett und ließ die Platte zu Ende laufen. Es schüttelte mich vor Tränen. Es war das Gefühl, vollkommen vergessen zu sein. Der Plattenspieler klickte, aber er war damit nicht ausgeschaltet, und nun ratzte die Nadel in rhythmischen Abständen über die Platte. Ich war wütend. Sollte sie doch die ganze Nacht ratzen, sollte doch der Plattenspieler kaputt gehen. Einen Moment lang überlegte ich, ob ich nicht einfach verschwinden sollte, einfach nach Bakston fahren sollte. Ich schlich in den Flur. Auf der Kommode lag unser Schlüssel. Ich hatte ihn schon in der Hand, da legte ich ihn wieder hin. Nein, Bakston lag ja entgegengesetzt, ich hätte durch die ganze Stadt laufen müssen, und davor hatte ich eine gewisse Angst. Ich legte mich wieder auf das Bett. Dieses Mal mit Absicht quer. Reduane und Franziska waren noch nicht zurück. Ratz –Ratz-Ratz.

Die Nadel ratzte über die Platte. Ich hörte es im Halbschlaf. Egal. Kein Wort wollte ich mehr mit ihnen sprechen. Ich war schrecklich verletzt. Ratz-Ratz.

Am Morgen kam Franziska als erste ins Zimmer, schaute zu mir, als hätte sie ein schlechtes Gewissen und redete mich an. Ich stand an der Glasfront und antwortete nicht.

An diesem Tag mussten Reduane und Negri von uns Abschied nehmen. Sie fuhren mit uns in die Stadt. Über Nacht hatte es einen Temperatursturz gegeben. Die Temperaturen waren um etwa zehn Grad gesunken. Und wir hatten nichts weiter als unsere ärmellosen Sommerkleider, keine Strümpfe, keine Jacken. Auch im Bus redete ich nicht. Im Stadtzentrum stiegen Reduane und Negri mit uns aus. Reduane war sehr ruhig geworden. Er wusste, dass der Abschied nicht mehr weit war.

Wir überquerten die Straßen, und die Leute drehten sich verwundert nach unseren dünnen Sommerkleidchen um. Mit verschränkten Armen rieben wir uns warm. Dennoch zitterten wir vor Kälte.

Reduane hatte Franziskas rechte Hand gefasst. Bahnen quietschten. Autos hupten. Sie wollten uns noch zur nächsten Haltestelle bringen. Als wir eine große, breite Straße überquerten, nahm mich Reduane an seine linke Hand, und wir liefen weiter durch den kalten Morgen. An seiner rechten Hand Franziska, an seiner linken Hand ich. Ich schluckte noch einmal. Franziska lächelte. Ich lächelte. Das waren die letzten Minuten, die wir zusammen waren. Wenig später kam unser Bus, und wir sahen uns nie wieder.

Sofia lag in einem fast allmorgendlichen Federbett aus Nebel vergraben. Doch ein großer, kugelförmiger, unübersehbarer Wecker- die aufgehende Sonne - "klingelte" mit einem leuchtenden, aufwärts steigenden Bonbon-Rot die Stadt aus dem Schlaf, indem sie die Nebeldaunen zerriss.

Und während die Bonbon-Farben des Morgens der Metropole eine zauberhafte Schönheitsmaske aufsetzten, öffneten sich meine Augen, meine Ohren, meine Nase - nahm ich alles auf. Die frühe Frische, die unter unseren Sommerkleidern spielte, die über Nacht gekehrten Straßen, deren Pflaster unterm Klappern der ersten Sandalen im kühlen Schatten erwacht, die noch zugeklappten Stände, auf denen über Mittag die Münzen der vielen Durstigen glühen, die vom Morgentau geglättete Luft, durchsetzt vom würzigen Geruch des angebotenen Gemüses von gestern.

Tante Rosa hatte das Wohnzimmer, in dem das Telefon stand, schon abgeschlossen. Und Babette erwartete einen Anruf von zu Hause. Natürlich klingelte es. Sie lief durch den Flur und ärgerte sich. Am liebsten hätte sie sich die Ohren zugehalten. Wer möchte bezweifeln, was für ein quälendes Gefühl es ist, 2000 Kilometer von der Heimat entfernt zu sein, ein Telefonat von zu Hause zu erwarten und den Hörer nicht abnehmen zu können.

Wir packten unsere restlichen Sachen zusammen. Der endgültige Abschied von Bakston, und damit von Sofia, war gekommen.

Wir brauchten eine ganze Weile, um auf die Botevgrader Chaussee zu gelangen, die den Namen der Stadt trug, die wir als nächste durchfahren würden.

Botevgrad im Balkangebirge war somit eine Zwischenstation. Wir rechneten damit, möglicherweise schon am Abend in Veliko Tarnovo zu sein.

Die ersten, die uns mitnahmen, waren zwei ältere Männer in einer klapprigen Karre. Aber immerhin – wir kamen voran. Wir saßen eng zusammen gepfercht auf den Hintersitzen und lutschten Bonbons, die uns von den gesprächigen Männern angeboten worden waren. „Rosmarie" nannte der Fahrer sein Fuhrwerk, und es rollte Serpentinen hoch und runter, vorbei an halbfertigen, gigantischen Hochstraßen, welche Berge, Täler und Schluchten bezwangen. Hinter Botevgrad war die Fahrt mit ihnen zu Ende. Wir mussten auf den Nächsten warten.

Am Straßenrand setzten wir uns auf die Bordsteinkante, bestrichen unsere Brote mit Konservenfleisch und blickten den vorbei fahrenden Autos nach. Eine Kehrmaschine kam vorbei und scherzend überlegten wir, ob wir nicht mit ihr mitfahren sollten. Später, nach vielen Tagen, erinnerten wir uns scherzhaft an dieses phlegmatische Gefährt, mit dem wir zweifellos zwei Wochen bis ans Meer gebraucht hätten.

Wir wechselten uns mit dem Winken ab. Jede von uns war zehn Minuten dran. Ein Lada nahm uns schließlich bis Džurovo mit, 40 Kilometer hinter Botevgrad. Für diesen Tag hatten wir kein richtiges Ziel. Wir wussten nur, dass wir uns viel Zeit nehmen konnten, um bis ans Meer zu kommen. Gerade an diesem Punkt war unser Plan so flexibel, dass er eigentlich nicht mehr als Plan zu bezeichnen war.

Džurovo war ein schmuddeliges Nest, durchwandert von Zigeunern. Babette und Franziska kauften Waffeleis. Wir leckten es im Straßenstaub und standen winkend an der staubigen Landstraße.

Und dann näherte sich ein kleiner, blauer Bus. Um ehrlich zu sein, wir wussten im ersten Moment nicht, ob wir einsteigen sollten. Mein Winken hatte dieses Fahrzeug angehalten, und das erste Wort, das mir aus der geöffneten Tür entgegen flog, war „Plewen". Die Insassen fuhren nicht in Richtung Veliko Tarnovo, sondern in den Norden, nach Plewen.

„Plewen", rief ich Babette und Franziska zu, die etwas entfernt standen und rannte mit der Karte zu ihnen.

„Warum nicht?", meinte Franziska. „Schließlich haben wir viel Zeit, sehen wir uns Plewen an!" So stiegen wir ein und hatten damit über unsere folgenden Erlebnisse selbst entschieden.

Der Bus war verräuchert. Die Sitze hatte man so eingebaut, dass wir uns gegenüber saßen. Für uns drei blieb jedoch noch Platz. Die anderen Sitze waren von fünf Männern besetzt. Sie reichten eine Flasche Schnaps herum. Babette schlief ein, und auch ich schloss meine Augen. Die Schallplatten, mit denen wir nun die ganze Zeit herum reisten, hatte ich auf dem Schoß. Da hatten wir etwas auf uns genommen! Überall mussten wir auf sie Acht geben.

Natürlich überlegten wir, wie und wo wir in Plewen übernachten sollten und fragten die Männer nach dem nächsten Zeltplatz. Da war es Marin, der zierliche, unscheinbare, junge Mann neben dem Fahrer, der, nachdem er seine schwarze Sonnenbrille abgenommen hatte, sein unschuldsvolles Gesicht zum Vorschein kommen ließ und sagte, wir könnten bis zum nächsten Morgen bei ihm bleiben.

Der kleine Bus fuhr uns in die steil ansteigende, gepflasterte Straße, in der Marin, inmitten der Garnisonsstadt, in die es uns plötzlich verschlagen hatte, wohnte. Es waren Siedlungshäuser, und wir glaubten zunächst, Marin hätte eine eigene Wohnung. Aber das war ein Irrtum. Kaum waren wir in den Hauseingang eingetreten, wandte sich Marin nach rechts, schloss eine Tür auf und wir betraten bedächtig, vielleicht auch etwas enttäuscht, mit unseren Kraxen auf den Schultern, ein einfaches Kämmerchen. Ein kleines, kahles Zimmer, das an eine Klosterzelle erinnerte, und es hätte nur noch das Madonnenbild mit einer darunter brennenden Kerze gefehlt. Wir setzten unser Gepäck ab und standen da, in jenem mit heller Wandfarbe gestrichenen, schmalen Raum.

Auf seiner rechten Seite war ein Waschbecken angebracht. Zwei Betten standen an den Wänden, und ein kleines Fenster, durch das kaum Licht drang, war von außen mit Eisenstangen vergittert. Unter dem Fenster befand sich ein altes Tonband und anstatt des passenden Madonnenbildes klebte am abgeschabten Schrank, der neben dem Kühlschrank stand, ein Bild von Georgi Dimitroff.

Marin konnte wenig Russisch, es reichte nur für eine magere Unterhaltung. Er gab uns den letzten Ananas-Saft, den er besaß. Seine Augen blickten fragend und hilfesuchend zu uns. Ein paar Minuten saßen wir uns stumm gegenüber. Dann aber wollte er uns seine Stadt zeigen, wollte uns einladen, wie er sagte.

Wir fuhren mit dem Bus aus der Stadt heraus. Der Aufenthalt in einem Freiluft-Restaurant war langweilig. Immer wieder baten wir Marin, endlich nach Hause zu fahren, da wir müde waren. Es war halb elf, als wir fröstelnd an der Bushaltestelle warteten.

Babette und Franziska hatten, bevor wir in Sofia zusammengetroffen waren, einige Tage in Budapest verbracht und sich in zwei algerische Studenten verliebt, woraus auch die Sympathie für Reduane und Negri resultierte. Immer wieder hatten sie von dieser Zeit geschwärmt. Babette war von ihrem Liebsten ein weißes Hütchen geschenkt worden, ein Andenken. Andenken haben einen besonderen Status. Alles Mögliche zu verlieren, wäre nicht so schlimm, und man würde jeden anderen

Verlust nicht als ein derartig böses Omen bezeichnen wie den Verlust des Andenkens. Man hütet das Andenken und wird von ihm behütet. Und gerade dieses „Behütetsein“ war bei jenem Hut stark ausgeprägt und in diesem Fall mehr als eine Wortspielerei. Babette trug den Hut immer. Auch im Gebirge hatte sie ihn getragen. Ich konnte sie mir ohne ihn nicht mehr vorstellen.

Der Bus, in den wir einstiegen, füllte sich mit einer Herde junger Burschen im Alter von 16 bis 18 Jahren, die sich sicherlich alle als Jugendliche der Kleinstadt kannten.

Babette, Franziska und ich setzten uns hintereinander auf die freien Plätze, und Marin blieb stehen. Hinter Babette saßen jene Jungen, die aufgrund unserer Sprache längst bemerkt hatten, dass wir Fremde waren. Anscheinend fanden sie Gefallen an Babettes Hut. Sie tuschelten und – schnapp - rissen sie ihn ihr vom Kopf, lachten und setzten ihn ihr wieder auf. Inzwischen wandte sich ein Junge, der neben Franziska saß, auf Englisch an uns. Als Franziska und Babette Englisch hörten, fanden sie großes Interesse daran, sich mit ihm zu unterhalten. Der Junge hatte ein sehr ausdrucksstarkes Gesicht. Seine Augen leuchteten. Er gestikulierte wild, und sein durch einen Seitenscheitel geteiltes Haar, das vorn etwas länger in die Stirn fiel, wippte zu seinen Bewegungen. Das große, schmale Gesicht gab ihm die Ähnlichkeit mit einer Filmfigur. Während seine Stimme laut durch das im Bus herrschende Stimmengewirr zu uns herüber drang, riss einer der Jungen, die hinter Babette saßen, ihr den Hut vom Kopf. Babette drehte sich sofort zu ihnen um. Doch sie gaben ihn nicht zurück. Seltsamerweise glaubten wir alle drei, der Englisch sprechende Junge stecke dahinter. So redeten wir, fast noch scherzend, auf ihn ein: „Gib den Hut her. Gib ihn schon her. Du wirst ihn sonst ersetzen müssen!“

„Ich? Ich habe ihn nicht, vielleicht der da hinten.“ Seine Augen leuchteten noch stärker, und er begann wie ein Wahnsinniger zu gestikulieren.

„Er hat ihn nicht“, setzte sein Nachbar hinzu. Nun begann ein großer Tumult. Ich versuchte, Marin auf Russisch zu überzeugen, er solle doch bitte mit ihnen sprechen, da wir selbst uns nicht ausreichend in der Fremdsprache ausdrücken konnten. Als ich Babettes entsetztes Gesicht und ihren hutlosen Kopf sah, der so nackt wirkte, steigerte sich meine Aufregung. Ich zerrte an Marins Jacke und Franziska zerrte an mir, um mir neue Übersetzungsaufträge zu geben. Aber Marin schien Angst zu haben vor der Meute. Er stand nur da, bewegte seinen Mund, so dass er mir aufgrund seines stummen Verhaltens wie ein Fisch vorkam. Er schaute mich fragend an und murmelte dann einige Worte zu den Jungen, die von ihnen kaum beachtet wurden.

Babette war nicht fähig, etwas zu sagen, zumal sie im Umgang mit dem Russischen sehr unsicher war. So versuchte ich, mich in dieser Hektik einzusetzen. Ich wandte mich an die Jungen.

„Wo ist der Hut, wo ist der Hut??? GDE SCHAPKA? Gebt ihn sofort zurück!!!“ Wir schrieen uns gegenseitig an. Der Bus fuhr und fuhr. Längst hatten wir Plewen erreicht.

„Wir haben ihn nicht.“ Sie zeigten ihre Hände.

„Hier. Nichts.“

Franziska bat mich, wieder mit Marin zu sprechen. Ich sah, wie Tränen in Babettes Augen traten. Marin kündigte mir an, dass wir an der nächsten Station aussteigen müssten. Aber Babettes schockiertes Gesicht verriet, wie sie dann auch sagte, dass sie nicht nachgeben wolle.

„Wir fahren, bis sie ihn wiedergeben. Ich will meinen Hut wiederhaben.“ Die Jungen hinter Babette waren ausgestiegen.

„Sie sind weg“, stellte Babette apathisch fest. Im Bus blieben nur noch der Junge mit den leuchtenden Augen und sein Nachbar. Babette hatte ihren Kopf gesenkt und weinte. Nun attackierte ich wieder den Englisch sprechenden Jungen. Aber dieser wurde böse und meinte bockig, er wisse nichts, er habe ihn nicht. Seine Augen funkelten. Marin bat uns auszusteigen. Ich stand zwischen Marin und Franziska und musste erklären, dass der gestohlene Hut ein Geschenk gewesen war.

„Podarok, podarok, verstehst du Marin, sie muss ihn wieder bekommen.“

Ich bettelte Marin, als wäre es mein eigener Hut. Der Bus fuhr weiter. Längst war unsere Station vorbei. Marin schaute ernst zu mir herunter. Dann, welch Wunder, öffnete er seinen Mund und begann zu sprechen:

„Ich bin auch sehr enttäuscht von diesem Fall.“ Er schluckte. Schämte er sich für die Jugend seiner Stadt? Nein, wir brauchten diese Scham nicht, wir brauchten das Hütchen. Und wir brauchten auch nicht Marins Vorschlag, den er machte, als er seinen Arm behutsam um Babette legte und zu ihr sagte:

„Ich kauf dir einen neuen, gleich morgen“. Babette schob seinen Arm weg, und unter Schluchzen brachte sie hervor:

„Nein, ich will meinen zurück!“

„Podarok, podarok.“ Mit Händen und Füßen machte ich Marin klar, dass es nicht irgendein Hut war, sondern ein Andenken.

Endstation. Fast alle waren schon ausgestiegen. Nun war die letzte Chance, den Hut zurückzubekommen, vorbei. Wir stiegen aus. Babette mit verquollenem Gesicht und ohne Hut – ein Bild, das so wirkte, als hätte man ihr die Haare abgeschoren. Sie schluchzte und immer wieder versuchte Marin, sie zu trösten:

„Ich kauf dir einen neuen Hut". Marin – vor wenigen Stunden noch ein Fremder - wollte etwas ersetzen, an dessen Verlust er nicht schuldig war. Begriff er denn nicht, dass dies kein Trost sein konnte?

Während wir mit gesenkten Köpfen nach Hause trotteten, wirkte Marin wie versteinert und hilflos. Wir konnten uns kaum verständigen. Er schien sich mitschuldig zu fühlen. Ich sprach mit ihm, und er sagte, er könne uns verstehen. Aber seine Blicke wirkten immer wieder nur fragend.

Babette war seltsam ruhig geworden. In ihrer letzten Äußerung hatte sie verkündet, dass sie Bulgarien hasse. Für mich war das die erste größere Enttäuschung in diesem Land. Sie glich einem Riss in einer einst glatten Wand. Und dieser Riss blieb und konnte nicht einfach überklebt oder überstrichen werden. Im Gegenteil. Leider trat er im Laufe der Zeit immer stärker hervor, verästelte sich und zerbröckelte damit das mir einst so glatt erscheinende Bild von diesem Land.

Stumm traten wir in Marins Stube ein, die nun im faden Licht der Glühlampe noch kahler wirkte. Babette war allen Dingen gegenüber gleichgültig. Und als ich vorsichtig fragte, wer denn zu Marin ins Bett gehe, schniefte sie und sagte: „Ich gehe, ist mir doch egal!" Schnaubend zog sie ihr Sommerkleid über den Kopf und legte sich beleidigt in Marins Bett, wobei sie sich bewusst der Wand zudrehte. Marin sah mich an, zuckte fragend mit den Schultern, zog sich aus und stieg ins Bett. Ich legte mich mit Franziska in das andere Bett, und wir rutschten in die Kuhle der Matratze. Die Glühlampe war aus. Ich tippte Franziska an und alberte herum.

„Du, der Marin und die Babette!" Wir kicherten in die Bettdecke. Eine Weile lag ich still. Der Kühlschrank lud sich auf und brummte in regelmäßigen Abständen.

Vom anderen Bett hörte ich Babette stöhnen, allerdings war es kein lustvolles Stöhnen, eher erinnerte es an das einer Fieberkranken. Nachdem sich meine Augen an die Dunkelheit gewöhnt hatten, konnte ich erkennen, dass Marins Arm über Babette strich. Sie wälzte sich wieder hin und her und stöhnte.

„Mhhh, njeeeet". Dann folgten wieder ein ausgedehntes „Njet" und ein Knurren.

„Pscht". Ich hörte Marin, und ich hörte einen zärtlichen Kuss, worauf Babette dieses Mal verstärkt knurrte und ich die Silhouette ihres Rückens erkennen konnte, den sie nun Marin bewusst zugewandt hatte. „Ach, Marin", dachte ich, kannst du sie nicht verstehen, dass sie gar nichts anderes will als schlafen, um wenigstens ein paar Stunden ihren Ärger zu vergessen?

Ich tippte Franziska wieder an.

„Hör mal!" Franziska prustete. Kichernd lagen wir wie zwei alberne Jungvögel im Nest und kuschelten uns in der warmen Kuhle aneinander. So schlief ich an Franziskas Seite ein, hörte noch das Brummen des Kühlschrankes. Ich schlief, bis ich durch ein Scharren erwachte und bemerkte, dass Babette zur Tür rannte, diese in einem Ruck aufriss und sich draußen im Hausflur erbrach. Es klang sehr hohl, und da ich soeben erst erwacht war, schallte dieses Geräusch in meinen Ohren. Das Licht der Glühbirne stach mir in die Augen und blendete mich. Ich hielt die Hände als Schirm vor die Augen. Marin lag mit freiem Oberkörper im Bett. Babette kam zur Tür geschlurft.

Ich verrenkte im Liegen meinen Kopf und schaute mit vorgehaltenen Händen in ihr graues, ausgelaugtes Gesicht.

„Du", sagte sie zu mir, „du, ich habe es nicht bis hinaus geschafft, frag doch mal Marin, ob er einen Eimer hat. Ich muss es doch hinaus spülen!" Ich wandte mich zurück.

„Em, em“, ich suchte schlaftrunken nach Worten, aber mir fiel das Wort „Eimer“ auf Russisch nicht ein.

„Marin, u was jest bolschoj…“ Ich malte ein großes Viereck in die Luft. Marin blickte mich aus seinem Bett hilflos und verstört an.

In diesem Moment brach ich in Lachen aus. Ich fand die Situation urkomisch. Ich stellte mir auf einmal vor, Babette wäre es nur wegen ihm schlecht geworden. Ich krümmte mich vor Lachen. Franziska erwachte und kroch unter der Decke hervor, blinzelte verschlafen. Marin hatte anscheinend verstanden. Leicht stöhnend erhob er sich, rutschte in seine Pantoffeln und holte einen Lappen, um mit Babette mitten in der Nacht den Hausflur zu reinigen. Wir zwei aber steckten uns mit unserem Lachen gegenseitig an, und ich musste ins Kopfkissen beißen, um nicht los zu schreien.

„Ihr dummen Weiber“, sagte Babette ärgerlich, „ihr solltet mir lieber helfen.“

„Entschuldige bitte, aber…“ Wieder prusteten wir. Marin wusch den Lappen aus, schaltete das Licht aus und legte sich wieder zu Babette.

„Ich fahre morgen nach Hause!“, war ihre sehr entschlossen klingende Bemerkung gewesen, bevor Ruhe herrschte.

Anscheinend hatte sich die Aufregung bei ihr auf den Magen gelegt. Sie lag auf dem Bauch und lachte plötzlich, aber dieses Lachen wurde gleichzeitig von Weinen durchzogen, so dass wir es nicht einordnen konnten. Dann schniefte sie lange in ihr Taschentuch.

Früh packten wir wortlos unsere Sachen zusammen. Wortlos, weil uns Babettes veränderte, versteinerte Art nachdenklich stimmte. Während wir uns anzogen, kämmten und eincremten, beobachtete uns Marin von seinem Bett aus. Ich versuchte, seine Gedanken zu erraten, aber es gelang mir nicht. Er blieb mir ein Rätsel.

Marin brachte uns zum Zug, kaufte uns auf dem Bahnhof noch ein Frühstück, und als sich der Zug nach Gorna Orjachovica in Bewegung setzte und Marin winkend am Bahnsteig zurück blieb, war hinter uns wieder eine Tür zugeschnappt.

Züge rattern durch die Träume

Der Bummelzug schüttelte uns nach Gorna Orjachovica. Von dort wollten wir die restlichen 40 Kilometer nach Veliko Tarnovo per Bus fahren. Für 100 Kilometer tauschten wir die „Sehnen" gegen die eisernen Nervenstränge der Entfernungen – die Schienen.

Die hutlose Babette dämmerte vor sich hin und hatte seit dem Aufstehen kein Wort gesagt. Sie sah krank und blass aus.

Ein Alter in blauen Arbeitshosen kam durch den Wagen gelaufen. Er blieb stehen, als er uns sah. Dann wühlte er lächelnd in seiner Hosentasche, aus der er zwei Äpfel hervor holte und sie uns in die Hände drückte, bevor er weiter ging. Da erst kroch ein kurzlebiges Lächeln über Babettes Gesicht, das sofort beim Biss in den Apfel in demselben verschwand.

Ich hatte zu Hause den Auftrag bekommen, in Veliko Tarnovo einen Brief abzugeben. So mussten wir unbedingt in die Stadt der alten Festungen fahren. Die Straße des Adressaten lag weit ab vom Zentrum. Ich entschied mich deshalb, den Brief in einen Postkasten zu werfen.

Wir kletterten auf der Festung herum, begegneten sauber gekleideten Touristen und nahmen alles nur als kurze Zwischenstation wahr.

Gegen Nachmittag trieb es mich fort. Ich wollte noch am selben Abend über den Schipka-Pass gelangen, wenn möglich, irgendwo an der Europastraße übernachten, die über den Pass führte, sich ins Rosental fallen ließ und dann im rechten Winkel auf die Hauptmagistrale zum Meer stieß.

Die ersten Kilometer in Richtung Gabrovo wurden wir von einem Shiguli bis nach Drjanovo mitgenommen, wo man uns außerhalb des Ortes an einer Wasserstelle absetzte. Etwas später hielt ein Gemüse-LKW, auf dessen Hänger ein Obst- oder

Gemüseberg lag. Der Fahrer - ein stämmiger Riese in Sandalen, sah kein Problem darin, auch die dritte Kraxe unterzubringen. Er stieg aus, und während er die Zigarette im Mund hatte, warf er meine Kraxe hoch auf den Obst-Berg, riss lässig seine Tür auf, öffnete die andere und ließ uns einsteigen. Meine Gedanken kreisten nur um die Kraxe. Nur keine Schlaglöcher, nur keine Talfahrten oder Anstiege.

Der Fahrer war mufflig. Er wusste, dass wir weiter wollten als bis Gabrovo, wo seine Endstation war. Vor Gabrovo setzte er uns am Ortseingang neben einer Tankstelle ab. Immer noch hatten wir die Hoffnung, dort mitgenommen zu werden. Aber es fuhren nur Gabrovoer Autonummern vorbei, Fahrer, deren Daumen nach unten zeigten.

Die Dunkelheit brach heran. Die Scheinwerfer wurden angeschaltet. Eine lange Autokette aus glitzernden Scheinwerferperlen kam den Berg herunter, und alle fuhren an uns vorbei. Es war etwas kühler geworden. Ich zog mich an der Straße um und fragte ein paar Fahrer an der Tankstelle. Keiner wollte weiter. Nachdem wir 1 ½ Stunden gewartet hatten, beschlossen wir durch die Stadt zu laufen, zu ihrem anderen Ende. Wir folgten den großen Schildern, die auf den Schipka-Pass verwiesen. Wohin wollten wir eigentlich noch? Bis hinter Gabrovo? Auf den Pass? Überall erstreckten sich große, mehrspurige Straßen. Leuchtende Schilder. Geschäftsstraßen. Gabrovo zog sich wie ein Gummiband. Es ging auf 23 Uhr zu. Wieder tauchte vor uns eine Front von Schildern auf. Eine Plane bedeckte den Wegweiser zum Pass. Er war gesperrt. Wir mussten über Trjavna, einem kleinen Ort, den ich auf der Karte im Dörfer- und Straßengeflecht fand. An einer Bushaltestelle ließen wir uns müde auf die Bänke fallen. Wir erkundigten uns, ob dies die Richtung nach Trjavna sei.

Ein Bus fuhr uns aus der Stadt heraus. Das Trampen über Dorfstraßen, dazu noch nachts, kam dem Laufen mit zugebundenen Augen gleich. Wie schnell verpasste man einen Abzweig und steckte im Straßenknäul.

Wir fingen den nächsten Scheinwerfer ab. Zwei Männer fuhren uns in eine außerordentlich dunkle, kurvenreiche Gegend. Ja, sie wollten auch nach Trjavna. Aber nun bestand das Problem, wie man von dort nach Gurkovo auf der Magistrale gelangen konnte. Alle Straßen dorthin waren gesperrt. Es gab nur die Möglichkeit, von Trjavna nach Tulovo mit dem Zug zu fahren. Und so ließen wir uns zum kleinen Dorfbahnhof fahren.

Eine kleine, saubere Wartehalle nachts um eins. Die wenigen Leute, die warteten, erhoben sich nach einer Weile, um zu ihrem Zug zu eilen. Wir hätten sofort nach Tulovo fahren können, aber wir entschieden uns, erst den Morgenzug zu nehmen. In der Halle waren wir gut aufgehoben. Während wir Tulovo am Fahrplan suchten, um unsere Fahrkarten zu kaufen, redeten uns zwei junge Soldaten mit braunen, freundlichen Gesichtern an, die in diesem Nest gerade Ausgang hatten. Sie waren gesprächig. Ihnen vertrauten wir, als sie uns sagten, wir können uns schlafen legen, sie würden uns und unser Gepäck bewachen. Ich stellte meinen kleinen Wecker auf halb sieben. Wir legten uns mit unseren Schlafsäcken auf die Bänke, die mit aufgeschlitztem Schaumgummi gepolstert und zugleich durchgesessen und ausgebeult waren, und wo schon unzählige Leute gesessen und gelegen hatten. Mir war, als würde ich die Wärme der hier gesessenen Körper noch spüren. In der hufeisenförmig angelegten Nische waren wir geschützt. Mitten im Schlaf wachte ich durch eine Stimme auf, die neben mir erklang. Ich konnte nur die Umrisse eines großen Mannes erkennen. Er schaute neugierig und interessiert auf mich herab und sagte ziemlich laut nur das eine, lustig klingende Wort: „Puppa“, das nach meinen späteren Recherchen überhaupt keine Bedeutung hatte. Ich fiel sofort zurück in den Schlaf, schlief bis Glastüren knallten. Menschliche Stimmen und lautes hektisches Scharren wurden beim Zuknallen zwischen den Türen eingeklemmt. Die vorbei donnernden Züge raunten und rissen Maschen in unsere Träume. Maschen, die immer weiter liefen. Ein wunderbares Gefühl eines sachten inneren Aufdrieselns bis zum endgültigen Erwachen. Mich berührte eine Hand. Der Soldat. Ich schaute auf den Wecker. Halb sieben.

Wir liefen, mit unseren Zahnbürsten in den Händen, am Bahnsteig entlang. Züge rasten an uns vorbei, schlugen uns frischen Atem entgegen, der an unseren schlafverklebten Augen rüttelte und unser Haar gegen den Strich kämmte, so wie auch unser Leben gegen den Strich gekämmt war. Wir liefen, die kleinen Zahnbürsten in den Händen haltend, um auf einem wackligen Bahnhofsklo eine gewöhnliche morgendliche Handlung durchzuführen.

Wenige Minuten später kam unser Bummelzug nach Tulovo. Das Abteil war kalt, wir mummten uns ein und sägten an der Dauerwurst, deren Scheiben wir auf trockenes Brot legten. Unser Frühstück. Nach und nach kamen Sonnenstrahlen, die unser Abteil auswischten und ihm den muffigen Geruch nahmen. Ein früher Augustmorgen. Wir durchfuhren die Stara Planina, ein Gebirge, das Bulgarien wie eine Gräte horizontal teilt. Und wir waren unterwegs zum Meer.

Tulovo - ein kleines Örtchen, lag zwei Kilometer abseits von der Magistrale. Eine von Pflaumenbäumen gesäumte Landstraße, eine Pflaumenallee, führte uns zur Magistrale. Im Laufen griffen wir in die Pflaumenbäume, winkten einem vorbei fahrenden Eselskarren. Wir kamen voran und nährten uns von den Früchten der Straße. Die Äste, die wir herunter holten, waren noch nass vom Tau, streiften unsere Gesichter, so dass wir endgültig erwachten.

Die Europastraße war erreicht. Wir wechselten uns ab. Eine von uns winkte, die anderen legten sich an die Straße in die Sonne.

Da lagen wir also an der Straßenbegrenzung, den Asphalt im Nacken. Der wolkenlose, blaue Himmel wurde von der Sonne poliert, und es waren noch 200 Kilometer bis ans Meer. Doch es brauchte nur jemand vorbei zu fahren, der drei freie Plätze oder einen kleinen Fleck auf seinem Hänger für uns frei hatte.

Mit großen Stichen nähe ich nun mein Gedankenmaterial zusammen. Als ob man frei Hand ohne abzusetzen einen langen, geraden Bleistiftstrich zöge, so trug uns in einem Zug ein Skoda von unserer Wartestelle bis an die Südküste nach Mičurin[1]. Erst glaubten wir, er führe nur bis Burgas, aber er fuhr weiter gen Süden, und das entsprach genau unseren Vorstellungen.

Ich kam in Primorsko wieder an jener Stelle vorbei, an der ich vor einiger Zeit gestanden und meine Tour begonnen hatte.

Der Zeltplatz „Nestinarka“ war unsere Endstation.

Zeltplatztourismus ist ein Phänomen. Er gleicht einem aufgeblähten Bauch, in dem es widerlich rumort, gluckert und aufstößt. Was dann herauskommt, ist im wahrsten Sinne des Wortes der erbrochene Alltag. Die Menschen haben ihr zu Hause auf den Zeltplatz transportiert, und nun packen sie ihre Pfannen, Fernseher und Antennen wieder aus.

Für unser Zelt blieb nur ein kleiner Fleck am Trampelpfad. Ein Trampelpfad durch das bunte Gewimmel von Stoffwänden, die vor allem in den Abendstunden zu durchlässigen Membranen für den öligen Geruch triefenden Fetts wurden, der sich schichtartig über den Platz legte. Schnellste Hilfe wäre nötig gewesen. Aber dem Zeltplatztourismus ist nicht mehr zu helfen.

Wellentäler. Wellenberge. Wir warfen uns in sie. Unsere salzverkrustete, von der Sonne geröstete Haut durchschnitt Wellenberge, glitt hinab in die Täler. Wollüstig kamen die gebrochenen Wellen auf uns zu gesprudelt und schienen uns die Badesachen vom Leib reißen zu wollen. Wasser schlug uns

[1] Nach der Wende wurde Mičurin in „Tsarevo“ umbenannt.

auf die Haut wie ein nasser Fetzen. Zwischen zwei Wellenbergen war meist nur ein Atemzug möglich.

In einem solchen Atemzug erzählt:

Neben uns zeltete eine Gruppe junger Ungarn. Unser Zeltaufbau verlief nicht ohne ihre unverständlichen und doch erratbaren Kommentare. Auch Ferenc war dabei. Auf den ersten Blick erkannte ich, dass er gern flirtete. Es gab für ihn nur ein Verständigungszeichen, das er mir den ganzen Tag über zusandte. Mit seinem Casanova-Blick zeigte er zuerst auf sich, dann auf mich und sagte: „Wigwam". Ich und er ins Zelt. Er mühte sich den ganzen Tag mit dem Wunsch ab, knurrte und schnurrte wie ein Kater. Babette und Franziska hielten ihn sofort für verrückt.

Wenige Stunden vor unserer Abfahrt von Mičurin, bevor der Regen anfing, die dürre Lauft tief in die Erde zu dreschen, nahm er den silbernen Ring von seiner Kette, die er trug und schenkte ihn mir.

Ein kurzer Atemzug:

Spät abends lief ich allein zum Strand. Mal in Spuren tretend, mal außerhalb von ihnen im Sand versinkend, stolperte ich zum Ufer. Trommelnd wälzte sich die große schwarze Wassermasse mir entgegen. Für Momente schauderte mich. Die Silhouette der Steilküste glich nun im Dunkeln einem großen Pott, der umgefallen war und aus dem unaufhörlich dicke, schwarze Tinte floss.

Oder: (auch in einem Atemzug erzählt):

Einer der Ungarn hatte mir mitten in der Mittagshitze eine Flasche Mentovka angeboten. Absichtlich. Er kannte wohl die Wirkung. Mentovka und höchster Sonnenstand – da verschwammen vor meinen Augen die einzelnen bunten Zeltwände zu einer melierten Masse mit scheppernden Töpfen, klappernden Messern, fettig glänzenden Schenkeln und dampfenden, röstenden Muscheln. Mittagessen. Der Ungar wollte etwas anderes. Und – was erwartet ihr jetzt? Meint ihr, weil ich nach zwei Stunden mit 15 Forint zurück kam, dass zwischen uns etwas gewesen sei?

„Komm“, sagt ihr jetzt, „Du hast gesagt, dass du keinem einzigen Gedanken ein schamvolles Feigenblatt vorhalten willst!“

Freilich. Aber einem Kleinkind zieht man gewöhnlich auch keinen Bikini an.

Unser erster bulgarischer Regen (oder war es ein türkischer?) setzte an unserem dritten und letzten Tag in Mičurin ein und drosch die dürre Öl-Luft tief in die Erde. Das Bild des Zeltplatzes vermochte er nicht aufzuweichen. Fett ist in Wasser unlöslich. Puh – eine gallertartige Masse. Mich fror, auch wenn ich im Trocknen unter dem Barackendach stand und die letzten Minuten vor unserer Abfahrt aus Langeweile mit Ferenc herum alberte. Er verstand kein Wort. Ich verstand kein Wort. Du und ich Wigwam.

„Schau, Ferenc“, sagte ich, „wenn es aufgehört hat zu regnen, dann ziehen wir fort von hier, vor dir und deinen Freunden, fort zur Straße und fahren gen Norden, heute vielleicht noch bis Burgas. Ja, Ferenc, dann sind wir weg, ganz plötzlich. Sieh mal Ferenc, da oben!“ Ich zeigte auf eine helle Stelle am Himmel.“Dort – das ist ein Lichtblick – der Regen wird schwächer, ein Lichtblick!“

Er sah traurig in den Himmel. Wer weiß, wie lange. Ich wusste, dass etwas Großartiges auf uns zukommen würde. Es musste einfach.

Ferenc sah traurig in den heller werdenden Himmel.

No problems

„Es gibt leider nicht so viele Worte, um aus jener knetbaren, formbaren Masse von Gedanken, die in mir dampft und brodelt, ein Relief zu formen, das sich beim Lesen ertasten lässt…“

Seit Wochen, Monaten schleppe ich diesen großen Ballen, diese formbare Masse ständig hinter mir her, wälze und paniere sie im Alltagsstaub, so dass sie ständig schwerer wird.

Gedanken können verschüttet werden. Die Masse kann verkrusten (sie hat schon eine harte Schale bekommen – eine Folge von überlagerten Gefühlen). Aber nun steche ich in sie hinein, da ins Innere, wo sie noch heiß und dampfend ist. Sie spritzt – und siehe da, erste Brandflecke – die Niederschrift auf Papier – nichts als Brandflecke.

Unser krankhaft untergewichtiges Leben glich einem Schaumhäufchen, das dahin trieb. Getrieben, treiben, Trieb. Unser Schaumhäufchen wurde nach Norden geblasen.

„Die Nacht kann noch lang werden – wir müssen uns reichlich mit Essen versorgen. Möglicherweise kommen wir noch bis Burgas. Unser Gepäck könnten wir auf dem Bahnhof lassen“, planten wir.

Wir kauften Pralinen, gefüllte Brote, süße Brötchen, eine Flasche Bademoff-Aperitif und zogen mit mehreren Beuteln zur Ausfahrt aus Mičurin. Der Regen war vorbei. Wir sprangen über die Pfützen, die großen glänzenden Augen der Straße.

Es war Zeit zum Abendessen, und so breiteten wir neben dem Straßengeländer unser reichliches Essen aus, dass es den Anschein hatte, wir wollten einen Verkaufsstand aufbauen. Pralinen essend, in große Brote beißend und Aperitif aus der

Flasche trinkend, standen wir bei Anbruch der Dunkelheit am Straßenrand.

Als ein Fahrzeug sein Tempo verlangsamte und blinkte, um zu halten, packten wir panikartig unsere „Tafel“ zusammen und stürzten in den Wagen.

„Schnell, schnell“, murmelte der Fahrer mit dem Sonnenhütchen. Er hatte es unwahrscheinlich eilig, was auch an seinem Fahrtempo ersichtlich wurde. Er raste, überholte, schaute nervös auf seine Uhr. Im Radio erklang seelenruhige Geigenmusik, die in unseren Ohren eine Wohltat war. Der Fahrer sprang von einer Lücke zur anderen, zog an Kolonnen vorbei. Die Scheinwerfer mussten eingeschaltet werden, noch bevor wir Primorsko erreichten, wo wir ausstiegen. Es dauerte nicht lange, da hielt ein Lada mit zwei jungen Männern, die uns bis zum Zeltplatz Kavazite mitnahmen und unsere nächtliche Küstenfahrt fortsetzten.

Wir mussten uns etwas vom Zeltplatz entfernen, da in diesem Treiben niemand gehalten hätte. Wir liefen hintereinander, winkten ab und zu grellen Lichtern, die vorbei fuhren. Ich weiß nicht mehr, wer von uns gewunken hatte, als plötzlich ein breiter Wagen erschien, bremste und ich nur ganz kurz „Opel-Rekord“ las.

„Das wird die Fahrt unsere Fahrt“, rief ich, als hätte ich alles auf uns Zukommende geahnt.

Ein großer, schlanker, junger Mann in Latzhose stieg aus. Er hatte ein weißes, schräg aufgesetztes Hütchen auf dem Kopf und im Mund eine Zigarette. Mit einem Mal kam es mir vor, als wäre er die ganze Zeit hinter uns her gefahren.

Durch die angelehnte Autotür drang rhythmische Musik. Er legte die Kraxen lässig in den Kofferraum, schwang sich in seinen Sitz und ließ uns einsteigen. Babette und Franziska meinten, ich solle mich vorsetzen und „Konversation“ betreiben.

Ich versank in dem weichen Autositz, die Musik dröhnte wunderbar. Der Fahrer rauchte Marlboro und bot sie uns an. Wir langten zu.

„Where do you come from?“, fragte ich, um endlich ins Gespräch zu kommen.

„“Morjak,...eh, I’ve been a long time in the Netherlands.” Ich überlegte erst.

„Ah – Seemann“. Ich drehte mich zu Babette und Franziska um, deren Augen im blauen Zigarettendunst glühten.

„Seemann ist er“.

Er lachte. Sein silbernes Armband leuchtete. Die rhythmische Musik ging mir in die Knochen. Automatisch wurde mein Rücken in die weiche Lehne gedrückt. Der Fahrer fuhr schnell und sang die Titel mit. Titel von Michael Jackson. An der Küste glitzerten die Städte.

„My name is Coco Banana”.

„Wie?“ fragten Babette und Franziska neugierig auf dem Hintersitz mit vorgebeugten Köpfen.

„Coco Banana“, wiederholte ich und wusste noch nicht, dass dies zu einem glitzernden Schlagwort werden sollte.

„I have been in Panama, Cuba, Peru,...“. Er steckte sich die Zigarette in den Mund und wühlte mit der rechten Hand im Armaturenbrett. Coco Banana holte ein Foto, das er uns zeigte. Vollbusige, lachende Frauen irgendwo in Südamerika, Äquatortaufe, Feten auf dem Schiff.

„Good?“ Coco Banana wirkte unwahrscheinlich locker, sein Lächeln war vielversprechend. Er griff neben seinen Sitz und hob einen Packen Geldscheine in die zigarettenneblige Luft, blätterte sie – flupp – dass mich davon ein sanfter Wind streifte. 700 Lewa. Er erklärte, sie so eben abgehoben zu haben.

„Diese Fahrt dürfte nie enden“, stellten wir fest, als wir bereits in den Kreis Burgas einfuhren. Coco Banana schmunzelte zu mir herüber, drehte sich nach hinten und fragte wieder:

„Good?“

„Good“, nickten Babette und Franziska strahlend.

Ich lag in meinem Autosessel, dessen Lehne genau meiner Rückenform angepasst zu sein schien, rauchte an der Marlboro und stöhnte halb bedrückt, halb herausfordernd: „Und so ein kleiner, dreckiger Bahnhof soll unsere Endstation sein? Ist das nicht deprimierend nach dieser Fahrt?“

„Oh ja“, kam von hinten.

Burgas‘ strahlende Lichter breiteten sich vor uns wie ein großer Spiegel aus, den man zerschlagen hatte und dessen Kristalle nun über die Ebene verstreut waren und das Licht reflektierten. Coco Banana erzählte, er habe in Burgas ein Appartement. Zurzeit verbrachte er seinen drei Monate dauernden Urlaub in seiner Heimatstadt Burgas, bevor es im September für neun Monate wieder auf das Meer hinaus gehen sollte.

Eine Wohnung. Ein Bahnhof. Ich wog beides im Inneren wie auf einer Waage ab.

„Mh, Leute – wie seht ihr das mit dem Bahnhof?“ Vielleicht fährt er uns gar…?

Coco Banana mussten wir nicht erst fragen. Er hatte längst für sich entschieden, fuhr an dem schäbigen, kleinen Bahnhof vorbei und wir riefen nur:

„Ciao, Bahnhof, see you later“. Und schon waren wir weiter. Coco Banana lenkte seinen Opel durch die befahrenen Straßen und Lichterketten.

„We will go to the home of my friend.” Er hielt vor einer Gaststätte, stieg aus, und da hörten wir zum ersten Mal sein: „No problems“. Und wie er es sagte. Er hielt dabei die Hände vor sich, federte etwas mit ihnen, neigte seinen Kopf mit dem schrägen Hütchen zur Seite und lächelte wie ein Baby. Wir ahnten, dass nun ein Freund von ihm erscheinen sollte. Es dauerte auch nur wenige Minuten, da öffnete sich die hintere Autotür, und ein Mann in einem gestreiften T-Shirt stieg ein und setzte sich zu Babette und Franziska auf den Hintersitz. Und schon ging es wieder ab.

„That's my friend."

„Coco", sagte der Mann auf dem Hintersitz und zeigte auf sich. Das war die Krönung.

„Coco?", fragten wir wie aus einem Munde und glaubten, dass es nun immer verrückter würde.

„Ich – Coco, er – Coco Banana". Wir lachten, zogen die „Stängel" aus der Zigarettenpackung und ließen uns durch die große Hafenstadt rollen.

Und damit rollten wir gleichzeitig in eine Zeit, in der unsere Geldtaschen ruhen sollten, eine Zeit, die bestimmt war von Faulenzen und Herumkurven an der Küste. Eine Zeit, in der wir unsere Wünsche nur äußern mussten, und schon wurden sie erfüllt. Coco auf dem Hintersitz nannten wir Coco II. Coco II war 32, Coco Banana 28 Jahre jung. Sie waren zusammen auf einem Schiff über die Weltmeere gefahren.

Die Reifen des Opels schienen über die samtig anmutende Straße hinweg zu streichen. Die Musik prickelte, und ich stand davon wie unter Strom. Michael Jackson „Billy Jean".

„Good", rief ich begeistert.

Wir fuhren in ein Neubaugebiet, in dem ich bereits im letzten Sommer gewesen war. Coco Banana lächelte unentwegt, er freute sich ständig über etwas und anscheinend am meisten über uns.

Den Opel ließ er vor seinem Wohnblock stehen, und wir fuhren mit dem Lift hoch. Mir wurde erst später klar, wer der eigentliche Besitzer der Wohnung war. Im Gewirr der neuen

Gesichter konnte ich keine richtige Ein- bzw. Zuordnung treffen. Unser Leben war ein Schaumhäufchen, das hierher getrieben worden war.

Wir betraten das Wohnzimmer. Der Fernseher lief, und ein junges Paar saß auf dem Sofa. Der Mann hatte den Arm um die Frau gelegt, und sie starrten in die Röhre. Mich verwunderte ihre Anwesenheit. Coco Banana nuschelte irgendetwas wie „Guten Abend“, schritt sofort durch das Zimmer und schaltete den Rekorder ein. Die Frau schaute leicht betreten, als sie uns sah. Wir gaben uns die Hände. Inzwischen waren wir es gewohnt, in fremde Wohnungen zu kommen. Man schmiss sich einfach in einen der Sessel, drehte sich, wenn sie drehbar waren und hatte sich schon an alles gewöhnt.

Der Fernseher war an, der Rekorder lief. Fortsetzung der Musik im Auto. Es war längst nach 22 Uhr. Coco Banana hatte sein Hütchen aufbehalten. Wir räumten unsere Sachen in das Wohnzimmer. Coco Banana rückte sein Hütchen zurecht und machte plötzlich den Vorschlag:

„Let’s go into a disco! “

„Yeaah! Ich sprang auf und fühlte mich wie nie zuvor dazu in Form.

„Well“. Coco Banana lächelte. „It’s no problem.”

Ich stieg in mein weißes Kleid, und schon stürzten wir alle, auch das Pärchen, wieder hinunter zum Auto, hinein in den Opel und fuhren kreuz und quer zu einer Disco. Die Tanzfläche der Bar war überfüllt, und wir waren mittendrin. Ich erfuhr, dass der junge Mann aus Cocos Wohnung der Cousin von Coco II war und dessen Frau Sonja hieß.

Babettes Rock wippte, Franziska wackelte im Takt mit dem Hintern in ihrem gelben Kleid, das sich an ihren Körper anschmiegte, kaum bis zu den Knien reichte und im Rücken weit ausgeschnitten war.

Coco Banana rauchte wie ein Wahnsinniger. Ebenso Coco II, der weitaus Ruhigere. 80 Zigaretten pro Tag, erfuhren wir später. Das, was sie im Mund hatten, konnte man kaum noch als Zähne bezeichnen. Coco Banana lächelte.

„Good". Ich merkte, dass ihn Franziska reizte.

Mich forderte ein ganz in weiß Gekleideter auf. Er verdrehte die Augen vor Entzücken, geriet in Ekstase, und seine Augen schienen heraus zu quellen. Beim Tanzen fasste er mich an, ging in die Hocke und kam mit lüsternen Augen wieder hoch.

Als wir Mitternacht gingen, postierte sich der Weiße vor seinem Lada. Wir aber saßen bereits wieder in Coco Bananas Wagen und fuhren in die Wohnung, um dort weiter zu tanzen. Sonja und Nasko setzten sich in ihr Auto und zogen sich, als wir in der Wohnung ankamen, in ihr Zimmer zurück. Mitten auf dem Tisch im Wohnzimmer stand noch die angefangene Flasche Aperitif. Wir ließen uns auf das Sofa fallen. Die Cocos holten Wodka, Zigaretten und Tonic. Kaum waren wir da, schaltete Coco Banana den Rekorder an, und die rhythmische Musik ertönte wieder. Es sollte weiter gehen. Das war erst der Anfang des großen Ballens, der sich vor uns auswickelte.

Im Zimmer war es dunkel. Nur der eingeschaltete Recorder warf grüne Lichtstreifen in den Raum. Coco Banana meinte, wir sollten etwas essen. Für Essen hatten sie den Begriff „Chop-chop", für Stehlen „Zappzerrapp" aus irgendeinem südamerikanischen Land mitgebracht.

„Chop-chop", sagte Coco Banana, ahmte die Bewegung beim Essen nach, und darauf folgte sein diplomatisches „No problems". Hinter dieser Geste versteckte sich die Mitteilung: „Keine Aufregung. Wir machen alles für euch, geht klar." Er tanzte im Rhythmus der Musik aus dem Zimmer und brachte Tomate, Gurke und Käse an, während sein Lächeln Franziska streifte. Wir tranken, was auf dem Tisch stand. Den Bademoff,

Whisky und Wodka. Ich lag im Arm von Coco II und in seinem anderen lag Babette. Merkwürdigerweise war Coco II in diesem Moment für mich anonym, ich merkte aber, dass Babette ihm mehr zugetan war und sie sich verträumt an ihn lehnte. Etwas Stilles lag zwischen ihnen, etwas Geheimnisvolles, das sich über Nacht rasch entwickelte. In den nächsten Tagen wurden Babette und Coco II zu einem untrennbaren Begriff. Er, der 32jährige und sie, die 17jährige, hatten sich gefunden.

Coco Banana war griechischer Herkunft. Er wechselte Musik von Michael Jackson mit griechischer Volksmusik, schnipste mit den Fingern und tanzte durch das Zimmer.

Neben dem Sofa stand ein großer, sondenähnlicher Ventilator, der sich langsam von links nach rechts und ebenso langsam wieder zurück bewegte und dabei monoton brummte. Ein sonderbares Gerät. Sein Brummen ging im lautdröhnenden Rhythmus unter. Wir tanzten und ich versuchte mich in ähnliche Zustände wie in Sofia zu versetzen.

Coco II flüsterte mir zu:

„You dance very good madame!" Als die Musik langsamer wurde, fasste Coco Banana Franziska, dann mich, und er küsste uns abwechselnd. Ich löste mich von Coco Banana. Franziska sollte ihm gehören. Er hielt sie umschlungen. Coco II und Babette verschwanden.

Zorbas Dance, corfu Kefi, o horos tou sakena… Hinter jedem der Töne steckte der Flüsterton: "Komm, bleib die Nacht bei mir".

„Schlafen", hauchte Coco Banana Franziska ins Ohr und vergrub seinen Mund in ihrem. Ich hörte es bis auf das Sofa. Babette und Coco II erschienen nach einer Weile wieder, und Babette flüsterte mir zu, sich Coco II in der Küche hingegeben zu haben. Ich kippte mir gleichgültig einen Schluck Bademoff hinter.

Es wurde Zeit, sich schlafen zu legen. Im Wohnzimmer stand außer dem Sofa noch ein breites Bett, das Platz für drei bot. Doch bevor ich dazu kam, mich dorthin zu legen, begann sich plötzlich Coco Banana um mich zu kümmern. Ich wusste genau, dass Franziska für ihn da war, aber er wollte auch mich, und wie ich ihn auch zurückschob, er wollte nicht nachgeben. Eines der coco-typischen Worte kam aus seinem Mund: „Only a small, a little bit".

„No, no", ich wehrte mich, ich spürte absolut kein Verlangen. Er bat mich, küsste mich, zog sich aus. Coco II und Babette liefen während dessen durch das Zimmer. Franziska lag schon im Bett.

„No, go to Franziska, it is dangerous! I don't want, do you understand?"

"Understand". Er verstand und ging zu Franziska ins Bett. Ich legte mich neben die beiden, da ich das Sofa für Coco II und Babette freimachen musste. Franziska war zuerst böse, als sie hörte, dass ich ihn zu ihr schickte, aber dann gab sie sich ihm hin. Ich lag daneben und konnte nicht einschlafen. Das Sofa, auf dem Coco II und Babette lagen, quietschte. Der Ventilator drehte sich wie in Zeitlupe, brummte und stieß kühlende Luft in das Zimmer. Ich hörte ein Flüstern: „Only a small". Der Ventilator schwenkte hin und her, und unter seiner Bewegung sah ich Coco II's Silhouette, seinen nackten Körper auf Babette. Sein Stöhnen vermischte sich mit dem Brummen des Ventilators. Ich wälzte mich und konnte nicht einschlafen. Neben mir bot sich das gleiche Bild mit Coco Banana und Franziska. Während er auf Franziska in Ekstase geriet, griff er wollüstig nach mir. Ich wehrte ihn ab und schlief endlich zwischen den orgastischen Tönen rechts und links von mir ein.

Mitten im Schlaf spürte ich Berührungen. Coco Banana lag neben mir und versuchte es nochmals. Ich brauchte eine Weile, um überhaupt zu begreifen, so verschlafen war ich. Dennoch hielt ich es für besser, mich in den roten, flauschigen Bettvorleger auf dem Fußboden zu wickeln, um die restlichen Stunden vor Coco Banana sicher zu sein.

Die morgendliche Musik aus dem Recorder schoss wie ein Quell frischen Wassers in das Zimmer. Ich wickelte mich aus dem Bettvorleger. Franziska kroch gähnend unter ihrer Decke hervor. Babette und Coco II lagen im Bett und rauchten. Coco Banana meinte: „Chop-chop.“ Das erste, was Franziska am Morgen zu mir sagte, klang überaus vorwurfsvoll, fast wütend. „Du bist unmöglich! Schiebst ihn einfach zu mir ab. Kannst du mir vielleicht verraten, wo mein Schlüpfer ist?“ Wir suchten ihn überall, unter dem Bett, in unserem Kram. Nirgends war er zu finden. Franziska meinte, ich solle ihn zur „Strafe“ weiter suchen. Wir duschten uns, und ich kam als letzte in die Küche. Nasko und Sonja saßen auch schon am Tisch. Sonja war eine überruhige Person. Ein leichter Ansatz von Damenbart war über ihren Lippen zu verzeichnen.

„Die Frau könnte ich stundenlang beobachten. Wie sie isst! Irgendwie so würdevoll“, stellte Babette ganz unvermittelt fest. Mir war es noch gar nicht aufgefallen. Aber tatsächlich. Sonja aß sehr bewusst, steckte kleine Stücke Brot in den Mund, kaute lange, ohne den Mund besonders zu bewegen und starrte vor sich hin. Das tat sie jedoch voller Konzentriertheit. Sie sprach kein Wort dabei.

Nach dem Frühstück verschwand Coco Banana. Er musste wieder einmal Geldangelegenheiten erledigen. Geld und Frauen bildeten den Bogen, der alles umspannte.

Sonne, Hitze, blauer Himmel. Der Tag wurde fortgesetzt auf dem Sofa und auf den Sesseln mit Wodka trinken, Marlboro rauchen und dröhnender Musik. Babette war nur noch an Coco II's Seite.

„Es ist wunderbar mit ihm“, meinte sie schwärmerisch.

Coco Banana kam mit einem Packen Dollarscheine zurück, die er auf den Tisch knallte. Die umgesetzten 700 Lewa. Während der Gespräche in den Sesseln erfuhr ich Genaueres über Coco II. Coco II war geschieden. Er hatte ein kleines Kind. Für mich hörte auf einmal die Unbeschwertheit auf. Ich saß zwischen Nasko, Coco Banana und Coco II. Sie zeigten mir Fotos von Coco II's früherem Leben, die Babette nicht sehen sollte. Hochzeitstag: Ein glückliches Paar auf dem Standesamt. Eine hübsche Frau. Coco ohne Falten im Gesicht. Das Ja-Wort. Kuss. Bund fürs Leben. Auf der nächsten Seite das Bild vom Scheidungstag. Gerichtliche Scheidung. Coco ernst, aber mit dem entschlossenen Gesichtsausdruck: Es muss sein. Nur schwer erinnere ich mich, wie mir Coco II klar machte, dass er geschieden sei. Ich glaube, er machte eine vertikale Handbewegung in die Luft. Teilung. Zwischen den Fotos fragte ich viel. Dann erblickte ich ein Foto von Coco II mit seinem Baby auf dem Schoß.

„Why?“ fragte ich. Why? Warum ist alles kaputt gegangen?

Männerlachen um mich herum. Nasko, Coco Banana und Coco II sahen sich lachend an, als würden sie denken: „Niedlich, die Kleine, was sie nicht alles fragt!“ Ich konnte mir die Antwort selbst geben. Coco II war nicht der Mann für eine Heirat. Ein neuer Hafen – neue Frauen. Er hatte sie hier und da. In Holland, Panama, Afrika. Eine Ehe war nicht zu vereinbaren mit seinem Lebensstil.

Coco II bat mich, Babette zunächst nichts von seiner Scheidung zu sagen. Er schaute mich oft fast bewundernd an, obwohl er zurzeit nur Augen für Babette hatte. Bewundernd daher, weil ich eine gewisse Kühle an mir hatte, es schaffte, meine Gefühle in Grenzen zu halten und abweisend zu sein. Abweisend, ohne schroff zu werden, sondern sachlich. Ich wusste einfach, was ich wollte. Ich brauchte keine Nacht mit den Cocos.

„You are very good, madame“, sagte Coco II betont zu mir.

Coco Banana sprang aufgeregt durch die Wohnung.

“Now Chop-chop.“ Ich fragte, ob wir zum Strand fahren könnten, und er entgegnete natürlich: „No problems. Understand?“

Wir fuhren alle in der glühenden Hitze in ein Restaurant. Coco Banana bestellte mehrere Runden Cola, Salate und Leber. Er verbat uns, auf die Preise zu schauen, und zog lachend seine Scheine aus der Tasche.

Dem Mittagessen folgte eine Fahrt zum Strand, außerhalb von Burgas. Der Wagen rollte durch das Sonnenlicht. Franziska saß vorn. Coco Banana legte im Fahren seinen Arm um sie. Babette lag in Coco II's Arm. Sie hatten ihre Augen geschlossen.

Play Bouzuki, play bouzuki…Wenn wir unseren Opel nicht gehabt hätten! Nachmittags konnte uns nichts mehr am Strand halten. Es war Zeit für die Siesta zu Hause. Oh, wie sich Coco Banana wohlfühlte, als er zwischen mir und Franziska lag. Er verdrehte die Augen, grinste und hustete furchtbar. Am späten Nachmittag merkten wir bereits, dass er etwas zu viel getrunken hatte.

Mit Nasko konnte ich mich wunderbar unterhalten. Meist führten wir die Gespräche in ihrem Zimmer, wo Sonja bügelte. Sonja machte manchmal einen beleidigten Eindruck. Sie sprach so wenig und schien mit der Lebensweise der Cocos nicht zufrieden zu sein. Sie rümpfte die Nase und räumte die dreckigen Gläser und die Asche still vom Tisch. Sie hatte auch nicht die Zeit, sich rauchend in die Sessel zu setzen. Ich fragte etwas unbeholfen, ob ich ihr helfen könne. Ein Lächeln huschte über ihr Gesicht, sie winkte ab. Nasko meinte des Öfteren zu mir: „Du bist ein gutes Mädchen. Ich muss dir ein Kompliment machen. Gut. Gut.“ Man konnte sich ernsthaft mit ihm unterhalten. Er wollte mir nicht glauben, dass ich in Bulgarien nicht einmal einen Seitensprung gemacht hätte.

Mehr und mehr kam ich Sonja und Nasko näher, zumal ich auch nicht ständig bei Coco II, Coco Banana, Babette und Franziska hocken wollte.

Coco Banana wusste, dass er in der folgenden Nacht nicht mit Franziska zusammen sein könne. Vielleicht hatte er daher schon etwas getrunken, um seinen Ärger hinunter zu spülen. Geplant war, wie in der letzten Nacht, mit uns in eine Bar zu gehen. Ausnahmsweise fuhren wir mit dem Bus. Coco Banana fuhr schwarz. Er zog es vor, dem Kontrolleur lässig einen 10-Lewa-Schein vor die Nase zu halten.

Irgendwo in der Stadt sollte die Bar sein, in die wir gehen wollten. Wir waren eingetaucht inmitten fremder Gesichter. Immer wieder streiften uns Körper, begegneten wir fragenden Augen, fordernden Blicken, Berührungen, umhüllt von Reklamelichtern. Die Mondsichel klebte am Himmel wie ein abgeschnittener Fingernagel. Ich drehte mich immer wieder nach ihr um und hielt den Mond für einen Schelm, für einen Verwandlungskünstler, der mir zuzwinkerte.

Eine Bar im Keller. Kleine Tische, drehbare Sessel. Ich ahnte, dass die darauf folgende Nacht der voran gegangenen ähneln würde, nur dass *ich* fällig sein sollte. Wir tanzten als die Einzigen in der Bar vor den fremden Gesichtern. Coco Bananas Zustand wurde von Stunde zu Stunde schwankender. Aber er schien sich fest in den Kopf gesetzt zu haben, diese Nacht mit mir zu verbringen.

„Franziska is closed for me". Coco Banana verlor jegliches Gefühl der Beherrschung und brüllte laut durch die Bar: „Coco Banaaaaana", sein Hütchen fiel vom Kopf, seine gläsernen Augen schielten starr in die Menge. Er hob seine Hand wie zu einer Meldung, ließ den Arm auf den Tisch donnern. Coco II versuchte, ihn zu beruhigen. Wir mussten gehen. Coco Banana war stockbetrunken. Ich fürchtete mich vor ihm. Er wirkte gewalttätig, und ich wusste, er hatte nur eines mit mir im Sinn. Vor der Tür hielt Coco II einen Lada an, wir stiegen ein. Dies war normal. Die Cocos mussten nur etwas sagen, schon klappte es, und alles lief wie geplant.

Wir saßen zu viert auf dem Hintersitz. Coco Banana saß neben mir, und während wir durch die nächtlichen Straßen fuhren, brüllte er wie ein Affe.

„Huh, huh, huh, yeaaah!" Er schrie, johlte, dass ich mir die Ohren zuhalten musste. Die Musik dudelte laut. Der Fahrer fuhr uns bis zum Wohnblock, wo auch der Opel stand. Ich wusste nicht, was nun mit Coco Banana werden sollte. Eigentlich wohnte er ein paar Häuser weiter bei seinen Eltern, und jene Wohnung, in der wir schliefen, gehörte Coco II. Sie diente gleichzeitig als Nebenwohnung für Sonja und Nasko.

Coco Banana wollte natürlich zu uns.

„Komm!", hauchte er mir zu. Ich wies ihn vehement ab. Was sollte nun werden? Babette und Coco II konnten es nicht abwarten, sich unter dem Ventilator zu lieben, der wie letzte Nacht brummte. Coco Banana stand schwankend im Zimmer und fragte lallend, warum ich ihm ausweiche und mich vor ihm fürchte. Er versuchte, mich anzufassen. Ich wich ihm aus. Franziska fürchtete sich wie ich. Coco Banana polterte in die Küche. Franziska und ich glaubten Ruhe gefunden zu haben. Dennoch pressten wir uns an den Fußboden, denn jede Minute war Cocos Rückkehr zu erwarten. „Vielleicht findet er uns nicht“, hofften wir. Von Sofa kam lustvolles Stöhnen.

„Horch“, sagte Franziska, und wir lauschten. Es war Wahnsinn, denn mir war nicht klar, wie ich Coco Banana loswerden sollte. Babette und Coco II lebten in höchsten Glücksminuten. Franziska würde einschlafen, und ich stände alleine da.

Coco Banana kam ins Zimmer getorkelt. Franziska sprang wie eine Katze auf das Bett und hüllte sich in ihre Decke ein. Zu Tode erschrocken drückte ich mich zu Boden.

„Komm“, hauchte er ein weiteres Mal mit einem unheimlichen Unterton und streckte von oben seinen Arm nach mir. Ich rutschte am Boden entlang. Babette und Coco II warfen einen gemeinsamen großen Schatten.

Coco Banana war so anders und wusste nicht mehr, was er tat. Ich sprang auf, um aus dem Zimmer zu rennen, aber Coco Banana packte plötzlich meine Haare und zog mich an ihnen gewaltsam nach unten. Ich wand mich und schrie mit herunter gehaltenem Kopf um Hilfe, da er mich nach unten zwang. Franziska sprang sofort hoch, hielt die Decke vor die Brust und rief wie ein kleines Kind aufgeregt:

„ Hilfe, Hilfe, er wird gewalttätig, hört auf!“

Coco Banana stand fassungslos vor mir. Coco II kam nackt vom Sofa. Babette lag verstört im Bett, und wir sahen uns alle an. Coco II beschwichtigte seinen Freund. Aber Coco Banana war beleidigt wie ein kleines Kind und wollte gehen. Seltsamerweise hielt ihn Coco II zurück und sprach mit ihm. Erst am nächsten Tag begriff ich, warum Coco II Angst um Coco Banana hatte. Doch Coco II sah ein, dass wir ihn nicht in der Wohnung behalten konnten. Er benahm sich wie ein Tier. So leid es ihm auch tat, er musste seinen Freund hinaus sperren. Endlich hatten wir Ruhe vor ihm. Coco II schaltete das Licht aus und legte sich wieder zu Babette. Ich lag mit Franziska auf dem Bett und dachte nach. Ich wälzte mich. Coco II's Rücken und sein nackter Hintern waren im Dunkeln sichtbar. Ich sah Babettes Beine – ein Knäul ihrer Körperteile. Irgendwo draußen fiel ein Blech herunter.

Ich tappte aufs Klo, um meine Eindrücke nieder zu schreiben, denn ich lag im Strudel zwischen Lachen und Weinen und badete mich in diesem emotionalen Sog.

Als ich am Morgen aufwachte, hatten Coco II und Babette bereits geduscht und sich noch mal ins Bett gelegt. Sie rauchten und tranken Whisky. Es war seltsam ruhig ohne Coco Banana. Ich hatte fest angenommen, dass er nach Hause gegangen sei. Coco II begann sich um ihn zu sorgen, denn er kannte ihn zu gut. Sein Opel hatte noch vor der Tür gestanden, und Coco Banana wäre nie gelaufen, und selbst wenn - in seinem Zustand hätte er nicht mehr nach Hause gefunden. Und Coco II wusste, dass er am Morgen kommen würde. Aber er kam nicht. Nasko fragte mich, was in der Nacht geschehen sei, und ich gestand ihm meine Angst. Er meinte lachend, ich hätte zu ihnen kommen können.

Am Frühstückstisch fragte ich Babette und Franziska, wann wir endlich fortfahren würden. Aber Franziska meinte, es zöge sie noch nicht weiter. Sie hatten sich hier festgenagelt. Eigentlich hatten wir uns ausgemacht, am nächsten Tag weiter zu fahren, nun verschob es sich auf den übernächsten. Coco Banana hatte uns angeboten, uns bis nach Ruse an der rumänischen Grenze zu bringen.

„No problems, ich fahre euch, wohin ihr wollt." Nun war Coco Banana aber vorerst wie vom Erdboden verschwunden. Wir fuhren mit Sonja und Nasko zum Strand, während Coco II bei seinem Freund nach dem Rechten schauen wollte. Er sagte uns, er würde nachkommen. Während Babette und Franziska im Wasser waren, unterhielt ich mich mit Nasko und er meinte, Cocos „No problems“ wäre im Grunde genommen ein Deckmantel. Aber auch er hatte Probleme. Freilich –„No problems „– das war eine lockere Einstellung, aber sie wirkte auf die Dauer unglaubhaft. Sonjas hielt Babette und Franziska für „schlechte“ Mädchen. Ich erklärte, dass dies ein zu hartes Urteil sei, dass sie schließlich das erste Mal ohne Eltern weggefahren waren und alles ausprobieren wollten. Ja, ich hatte das Gefühl, mit zwei Kindern unterwegs zu sein, die entdeckten, wie ihre Körper funktionierten. Meine Rolle dagegen war schwer bestimmbar. Manchmal bezeichnete mich Coco II als den „Journalisten“, da ich ständig mit Zettel und Stift herumrannte. Oder als „kleinen Detektiv“, wenn ich, wie er sagte, neugierig unter meinem Hut hervor lugte.

Meiner Meinung nach war ich in diesem brodelnden Topf das Lorbeerblatt, das nur einen Beigeschmack abgab und nicht mit verspeist wurde.

Mittags, als der Sand so glühte, dass man ihn kaum betreten konnte, kamen die Cocos zu uns. Coco Banana lachte wie immer unbeschwert und war zum Glück wieder nüchtern. Sie unterhielten sich mit Nasko und verschwanden im Wasser. Zufällig kam ich mit Nasko darauf zu sprechen, dass Coco Banana uns am übernächsten Tag nach Ruse fahren würde. Da offenbarte mir Nasko, was sich in der Nacht, nachdem Coco gegangen war, ereignet hatte.

Coco Banana hatte sich in seinem Zustand in den Opel gesetzt, war wie ein Wilder losgefahren und hatte ein anderes Auto gerammt. Die Fahrerlaubnis war ihm für ein Jahr entzogen worden. Ein Jahr ohne Auto – und das musste Coco Banana geschehen!

„Also, nix Ruse“, sagte ich. „Nix Ruse“.

Und wie war Coco Banana zum Strand gekommen? Geradelt war er! Ich hätte mich vor Lachen krümmen können. Coco

Banana, der ohne Auto nicht leben konnte, fuhr Rad. Als er aus dem Wasser zurückkam, fragte ich ihn, was nun aus der Fahrt nach Ruse werde. Aber er lachte nur: „No problems“. Er hätte genug Beziehungen, würde sich die Fahrerlaubnis zurück kaufen und die Reparatur wäre bis zum nächsten Tag erledigt.

Babette und Coco II lechzten nach Zweisamkeit. Coco Banana und Franziska hielten es auch nicht mehr aus. Sie verabschiedeten sich von uns, um zu Coco Banana nach Hause zu fahren. Später fuhr ich mit Nasko und Sonja vom Strand. Sie luden mich ein und wünschten sich, dass ich sie im nächsten Jahr in ihrer Heimatstadt Haskovo besuche.

Zu Hause war das Wasser abgestellt worden. Kein Wasser in der stickigen Hitze. Ein kleiner Vorrat befand sich noch auf dem Balkon. Die Reparatur des Opels war bereits am Vormittag vor sich gegangen und inzwischen fertig gestellt. Die Fahrerlaubnis hatte sich Coco Banana für 300 Lewa zurückgekauft.

Ich saß gerade mit Sonja in der Küche beim Abendbrot, als ich ins Wohnzimmer gerufen wurde. Da saßen sie alle in einer Runde und sahen mich groß an.

„Pass mal auf“, sagte Babette, “du richtest jetzt Coco II auf Russisch aus, dass er sich ein Verhütungsmittel kaufen soll“. Ich schaltete sofort, obwohl ich noch nie die Aufgabe hatte, solch intime Sachen zu dolmetschen. Zum eigenen Erstaunen fielen mir gleich die richtigen Worte ein. „Ich bin nur der Übersetzer“, fügte ich hinzu und verschwand wieder in der Küche. Der Auftrag war erfüllt. Im Grunde genommen war es ein brennendes Problem. Ich konnte nur hoffen, dass Coco II auf ihren Hinweis reagieren und sich dementsprechend verhalten würde. Ich ahnte, verzichten wollten sie beide nicht und spürte, die so genannte Unvernunft würde unaufhaltsam mit der Nacht kommen.

Am späten Nachmittag fuhr uns Coco Banana nach Nessebar. Babettes Gedanken drehten sich nur noch um das gewisse Mittel. Der Abend nahte. Es musste etwas geschehen. Coco II tat so, als würde er nicht verstehen. Wir liefen durch das abendliche Nessebar, und ich musste immer wieder übersetzen. Coco II lächelte nur still. Ich setzte mich mit Nachdruck für diese Verhütungsmethode ein, denn ich wusste, welche Gefahr sonst drohte.

Wir fuhren zurück. Die Sonne war dabei unterzugehen. Wir fuhren schnell. Coco II - mit geschlossenen Augen - hielt Babette fest im Arm. Sie lag, und ihre Füße hingen zum Autofenster hinaus. Es gab kein Vorher, kein Danach. Es gab nur Jetzt. Zorbas dance. Coco Banana klopfte im Fahren den Rhythmus auf das Autodach. Die anfangs zähflüssigen Töne wurden dünner, beweglicher und rasten wie Hagelkörner in ihren Rhythmen los. Wir setzten sie im Auto mit unseren Füßen um und tanzten so gut es ging. Corfu Kefi, o horos tou sakena, siko horepse sirtaki, Ta pedia tou pirea.

Am Himmel war Rouge. Ein rötlicher, verwischter Fleck, als ob die Sonne dort ausgerutscht wäre. Die Luft stand unter Strom.

Saht ihr die Vögel
in Geschwadern
schräg aufsteigen
in unvergesslichen Dreiecken
schräg nach oben
flogen sie in den roten Fleck,
der auseinander floss.
Sie kreuzten über euch euren Weg.

Und wir schnellten geradeaus, ließen Telefonmasten an uns vorüberfliegen. Ich drehte meinen Kopf nach den Vögeln um.

Sie blieben als kleine, schwarze Punkte auf dem roten Fleck zurück. Coco Banana fuhr uns wieder in eine Disco, nachdem wir in einer unterirdischen Bar am Flughafen keinen Platz gefunden hatten.

In der nächsten Nacht nahm Coco Banana Franziska mit zu sich nach Hause. Ich war mit Coco II und Babette allein. Babette bat mich, in die Küche zu gehen, sie müsse sonst ständig daran denken, dass jemand im Zimmer sei. „Okay". Ich ging in die Küche und legte mich dort auf das Sofa. Aber an Einschlafen war nicht zu denken. Drückende Hitze und Mücken quälten mich.

Nasko und Sonja kamen am Morgen in die Küche. Sie wollten sich verabschieden, denn sie fuhren fort. Auch wir wollten in wenigen Stunden Abschied nehmen von Burgas. Nasko setzte sich auf den Bettrand, schrieb seine Adresse auf, lächelte und legte sie nickend unter mein Kopfkissen. „Tschüs, wir sehen uns wieder!"

Ich bangte um Babette und brauchte nicht zu fragen. Jene Nacht war verlaufen wie die voran gegangene.

Coco II führte uns an diesem Tag durch die Stadt, ging in eine Spielhölle, aus der er mit 60 Lewa wieder heraus kam, und wir wurden langsam des aufregenden Bar- und Discolebens müde. So maulten wir schon am Nachmittag herum, abends nicht mehr fortgehen zu wollen. Die Disco-Rhythmen konnte ich nicht mehr erhören. Wir lagen nur noch faul in der Wohnung herum. Die Autokarte von Bulgarien beschäftigte mich inzwischen umso mehr. Ich bat Coco Banana, uns nicht nach Ruse, sondern lieber die Küste entlang zu fahren, über Nessebar, Obzor in Richtung Varna, so wie ich es mir ursprünglich vorgestellt hatte.

Am späten Vormittag des 13. August musste Babette Abschied nehmen von Coco II. Er hatte keine Zeit, bis Varna mit uns zu fahren. Ich weiß nur noch, wie wir schon im Auto saßen und Coco II sagte: „Bis zum nächsten Sommer“. Er schlug von außen die Tür zu, und die Worte wurden in der Tür eingeklemmt. Und dann fuhr Coco Banana los, fuhr die Strecke, die ich mir selbst ausgedacht hatte, über die Berge am Meer in den Norden nach Varna. Schon am nächsten Tag wollten wir Bulgarien verlassen und die restlichen Tage in Rumänien verbringen. Es hatte sich „ausbulgarisiert“.

Die Zeit der Cocos war vorbei. Coco Banana fuhr uns noch zur Stadtausfahrt von Varna Richtung Tolbuchin. Er schenkte uns auf Franziskas Bitte die Kassette mit griechischer Musik. Dann verschwand er mit seinem breiten Wagen unter der Autobahnbrücke. Sich wiederzusehen? A little problem.

An jener Stelle, wo Coco Banana uns abgesetzt hatte, hielten wir einen Pfirsich-LKW an. Wir nahmen uns einige Hände voll Pfirsiche und verschlangen jene saftigen Früchte innerhalb kurzer Zeit unter einem großen, schattigen Baum neben der Straße. Wir wollten nach Norden, zur rumänischen Grenze, über Tolbuchin nach Silistra.

Unser Leben war inzwischen so leicht, so untergewichtig geworden, dass es hätte wegfliegen können.

Die Gegenleistung

Es war Samstag. Kein Mensch arbeitete auf den Feldern. Eine wacklige Karre – ein alter Moskwitsch – vollgestopft mit Gesichtern, hatte überstürzt mit quietschenden Bremsen neben uns gehalten. Helle, junge Stimmen drangen heraus. Im ersten Moment schien es mir völlig unmöglich, einzusteigen, da ich nicht wusste, wohin mit all dem Gepäck. Alles vollzog sich in Sekundenschnelle. Es gab keine Zeit zum Überlegen. Der Fahrer - ein Junge, sprang hektisch aus dem Wagen, während ihm das Mädchen auf dem Hintersitz etwas entgegen plärrte und legte meine Kraxe auf das Dachgestell, ohne sie zu befestigen. Er schloss das andere Gepäck in den Kofferraum. Wir drängten uns zu viert auf dem Hintersitz zusammen. Es ging alles so schnell, so unüberlegt. Wir wussten nur, dass sie nach Tolbuchin fahren wollten.

Erst als wir im Auto saßen, begann sich das Bild zu schärfen: Zigeuner. Der Fahrer – höchstens 20, mit Sonnenbrille, kurzem, krausem Haar. Daneben ein Junge mit einem Kindergesicht, der jedoch schon 18 war und neben uns auf dem Hintersitz ein vollbusiges Mädchen mit schwarz-rötlichen Haaren, großen, braunen Kirschaugen. Auf ihrem T-Shirt stand über der Brust in großen Buchstaben: I love you. Ihre Stimme war laut und schrill, und während der Fahrt presste sie von hinten dem Fahrer, der ihr Bruder war, die rotlackierten Krallen ins Gesicht. Man hätte sie auf Anfang 20 geschätzt, aber sie war erst 15.

Ich hielt unsere Schallplatten auf dem Schoß eng an mich gepresst und fühlte mich in dieser dreckigen Karre mit ihren verschmierten Fenstern und den verklebten Sitzen extrem unwohl. Der Kontrast zu Coco Bananas Opel war krass. Es war ungewöhnlich stickig und heiß, und immer drängte es mich auszusteigen. Der Fahrer zeigte auf den Tachometer und meinte, er würde rasen, so schnell er könne. Mir war merkwürdig unsicher zumute. Der Fahrer war noch ein halbes Kind, und alles lag in seinen Händen.

Wir befanden uns auf der Straße nach Baltschik. Das Mädchen fing auf einmal an, uns schrill anzusprechen. Sie wollten Geld haben, ja, sie fragten, ob wir noch Geld für das Benzin hätten. Nach dem Motto: Wenn ihr mitfahrt, müsst ihr auch bezahlen. Wir waren empört und stellten uns dumm. Nein, wir hätten kein Geld mehr, da wir nach Hause fuhren.

Das Benzin wurde knapp. Sie fuhren zu einer Tankstelle und wir überlegten, ob wir nicht lieber aussteigen sollten. Wer weiß, wohin sie wollten. Außerdem wollten wir ihnen nicht einen Stotinki geben. Ich hatte einen Fuß schon draußen, da fuhren sie bereits wieder los, und ich stieg wieder ein. Franziska zog ihren Hut tief ins Gesicht, um dem Fahrer möglichst wenig aufzufallen. Ich selbst merkte, dass er hin und wieder zu mir in den Rückspiegel sah, aber sich sonst nicht besonders auf mich konzentrierte. Er fuhr von der Straße ab in ein Viertel, wo bunte Fetzen an den eng gebauten, baufälligen Häusern hingen. Ein Zigeuner-Viertel. Von allen Seiten kamen auf einmal dunkelhäutige Kinder mit staunenden Gesichtern angelaufen. Hinter ihnen ihre Mütter mit Tüchern, die sie um die Hüften geschwungen hatten. Sie schauten durch die Autofenster zu uns herein, und eines der Kinder steckte plötzlich seine Hand ins Auto und streichelte Babette ganz flüchtig an der Wange. Es war ein eigenartiges Streicheln. So flüchtig wie ein Schlag, der jedoch sanft war, und dabei lächelte es mild. Ich hatte Angst – die Menschen waren mir unangenehm, ebenso ging es Franziska.

Babette dagegen lachte unbeschwert. Und als wir wieder los fuhren und auf die Hauptstraße gelangten, meinte sie naiv:

„Seltsam, und wenn wir einen Unfall bauen würden. Ich hätt' jetzt keine Angst vorm Sterben!"

Der Fahrer bog plötzlich von der Hauptstraße ab. Ringsherum erstreckte sich nur spärlich bewachsene Ebene, eine unbewohnte Steppenlandschaft.

„Wo fahren wir denn jetzt hin?", fragte Franziska und es war nicht mehr nur die Neugier, die aus der Frage heraus klang, es war ein Schreckensruf, und jene Frage machte mir bewusst, wie leichtsinnig wir unser Leben in ein dahin treibendes Schaumhäufchen verwandelt hatten, mit dem wir einfach spielen ließen.

„Wo fahren wir denn jetzt hin?"

„Na, auf jeden Fall nicht nach Tolbuchin", antwortete ich gereizt wie ein ungeduldiger Lehrer, dessen Schüler überhaupt nichts mehr begreift. Mit dem Unterschied, dass mich ja die Antwort auf die Frage genauso interessierte und genauso betraf. Wie ich mich auch verhielt - ich saß mitten drin.

Die Nadel meines „inneren Kompass" schlug wild und ziellos aus. Wo war die Anti-Angst, die auf meiner alleinigen Fahrt vom Meer nach Sofia überwogen hatte? Hatte ich nicht dieses ganze Unternehmen mit einer morastigen Gegend verglichen, in der man ganz unerwartet einsacken konnte?! Ja, nun spürte ich, dass es keinen festen Halt mehr gab. Ich merkte, dass wir einbrachen. Langsam, ganz langsam. Aber nun war es soweit. Auf 1400 Kilometern war alles gut gegangen. Alle Gefahren waren im Grunde genommen Späße gewesen. Immer war ich davon gekommen. Doch die Zeit der Späße war nun vorbei.

„Du hast dir die Strecke über Varna selbst gelegt, und nun bist du dran. Und glaub' nicht, dass es wieder ein Spaß wird. Und glaub nicht, dass du Unangenehmes auf andere abschieben kannst. Und glaub nicht, dass dir sachliche Erklärungen helfen würden! „You are very good, madame!"

Der Junge lenkte den Wagen ruckartig von der Straße auf einen holprigen Feldweg und sang vor sich hin. Der Wagen schaukelte. Gräser, Büsche, Sträucher. Franziska fragte, Babette fragte. Ich fragte. Was ist jetzt?? Wohin??

Er fuhr etwa einen Kilometer von der Straße weg. Hätten wir nicht hinaus springen können? Aber wir waren wie gelähmt. War es ein Kilometer oder mehr? Keine Stadt, kein Dorf konnte mehr das Ziel sein. Der Weg verlor sich zwischen den Sträuchern.

Der Junge hielt. Er drehte sich zu mir um und schaute mich groß an. Er stieg aus, lief um das Auto herum und öffnete meine Tür von außen. Fordernd hielt er mir die Hand entgegen.

„Djewotschka", rief er mich auf Russisch und zeigte in den Busch. Los!" Ich lachte ihn aus und hielt meine Schallplatten auf dem Schoß. „Niemals!" Er schaute mich ernst an, griff dann nach meinem Arm und versuchte mich hinauszuziehen.

„He! Was fällt dir ein? Ich komm nicht mit – niemals, nein"! Ich versuchte, ihn abzuschütteln.

„Gib das Gepäck heraus, los! Wir wollen nach Tolbuchin!" Er stellte sich stur. Und ich begriff: Sie wollten uns erpressen, entweder ich erfüllte seine Forderung oder wir bekamen unser Gepäck nicht.

„Djewotschka!" Er hielt mich fest. Die anderen standen neben dem Auto. Noch war ich mir ganz sicher, den Fall zu lösen. Der Gedanke daran, nachzugeben, war absurd. Wenn sie auf stur schalteten, taten wir es auch. Dennoch – der Fahrer versuchte immer wieder, zunächst nur mit Worten, mich in das Gebüsch zu bringen.

Waren es Jahre, die wir mit unseren flatternden Haaren auf dem windigen Feld standen und uns stritten? Und die ganze

Zeit hielt ich meine Platten in der Hand.
Sie gaben das Gepäck nicht her. Der Zigeuner packte fester zu und drohte mir mit der Faust. Er warnte mich. Ich rief Babette und Franziska immer wieder zu:

„So holt doch die Kraxe vom Dach – hebt sie einfach herunter – nein, sie ist nicht angebunden. Holt sie, dann rennen wir davon, wir können es schaffen. Versucht, den Kofferraum aufzubrechen. Versucht alles. Sonst kommen wir nicht davon."
Ich war noch voller Ideen und suchte nach Lösungen, während seine Hand mich festhielt. Aber Babette und Franziska konnten den Kofferraum nicht öffnen und selbst, wenn ich meine Kraxe genommen hätte und versucht hätte, zu entkommen, schließlich gehörten wir zusammen. Franziskas und Babettes Ausweispapiere waren eingeschlossen, und so wären wir nicht über die Grenze gekommen.

Das Mädchen hatte ihren Gesichtsausdruck verdunkelt, sie schien Angst zu haben und sie verriet, dass es ihr zu weit ging. Sie versuchte, ihren Bruder zu beschwichtigen und in diesem Moment schlug dieser auf sie ein. Die Schlinge zog sich immer enger. Mein Blick fiel auf Franziska. Sie stand am Kofferraum, ihren Kopf in die Hände gestützt, in der einen Hand die Zigarette. Sie verlor die Nerven und über ihr Gesicht rannen Tränen. Als ich sie sah, wusste ich, dass es keine Möglichkeit mehr gab. Es begann mich wie sie durchzuschütteln. Nur Babette stand daneben und behielt die Nerven. Ich weinte und glaubte zu zerbrechen. Der Junge mit dem Kindergesicht fragte, was denn los sei.

„Kann uns denn das Mädchen nicht helfen, bittet sie doch, bittet sie doch!" Die letzten Brocken meiner Hoffnung setzte ich auf das Mädchen.

„Sie wird geschlagen, glaub mir“, sagte Babette, „auch der andere würde uns helfen, wenn er könnte, aber sie haben Angst!“

Ich wandte mich unter Tränen an das Mädchen, setzte all meine Hoffnungen in sie, die ich zu Beginn unserer Fahrt nie um etwas gebeten hätte.

„Versteh doch, du bist doch eine Frau – bitte, bitte“. Ich fiel ihr vor die Knie, bettelte und bettelte:

„So hilf mir doch!“ Ihre Brauen zogen sich ängstlich und besorgt zusammen, und sie gab mir Zeichen, die ich nicht deuten konnte.

„Sie darf nicht, sie wird geschlagen“, wiederholte Babette. Der Zigeuner hatte mir inzwischen klar gemacht, dass er Gewalt anwenden würde, wenn ich mich nicht fügte. Noch einmal versuchte ich, das Mädchen zu bitten.

„Hilf mir – versteh - es ist gefährlich, es darf doch nichts passieren!“

„Sie hat einen Mann und Kinder“, log Franziska flehend. Das Mädchen bewegte ihren Zeigefinger wie einen Scheibenwischer, und ihre Augen schauten groß und ernst. „Nein, es passiert nichts.“

Ich fiel innerlich zusammen. Wie sollte ich mich darauf verlassen. Noch einmal richtete sich mein Stolz auf. „Niemals!“ Ich werde so lange warten, bis sie das Gepäck heraus geben.

Solange meine Freundinnen meine Sturheit vertreten hatten, hatte ich darin einen festen Halt gefunden. Aber nun begannen sie, sich nicht etwa gegen mich zu stellen, aber sie schätzten die Lage so ein, wie sie war. Und zu begreifen, wie sie wirklich war, war das Schlimmste.

„Siehst du nicht, dass es keinen Sinn mehr hat? Wozu baust du so eine unnötige Spannungssituation auf?“

Keinen Sinn mehr? Wie furchtbar klangen diese Worte aus dem Mund derer, die noch vor kurzem genauso unnachgiebig gewesen waren. Kapitulation? Ich? Ich muss die Gegenleistung bringen, muss mich erpressen lassen?

„Ja, du musst!"

Der Zigeuner war in seinem Drängen immer stärker geworden, ja er zwang mich, und er wusste, dass ich nicht ausweichen konnte.

„Komm", sagte Babette ganz leise und ruhig. Ihre Stimme klang gedämpft. Franziska stand fassungslos daneben. Babette nahm mir den Personalausweis ab. Ich gab ihn wie im Traumzustand hin. Nun hörte ich auf, ich selbst zu sein. Ich musste mich aufgeben. Ich musste mich vergessen. Meinen Namen, mein Alter. Nun war ich nicht mehr ich, nun war ich der Körper.

Der Körper nahm Abschied von Babette und Franziska, dem Mädchen und dem Jungen, musste in den Wagen einsteigen und wurde 50 Meter weiter in das Gesträuch gefahren.

Sachliche Frage des Körpers: „Wie lange?"

Sachliche Antwort des Subjektes: „15 Minuten"

Ablage von drei Kleidungsstücken. T-Shirt, Rock, Schlüpfer. Der Körper mit den zwei Armen, zwei Beinen und den anderen Körperteilen, die das Subjekt unbedingt zur Durchführung seines Aktes brauchte, lag auf dem Autositz und sollte in Funktion gesetzt werden. Es war zu eng. Das Subjekt baute den hinteren, verschmutzten Autositz aus und legte ihn unter die giftigen Sträucher. Er befahl dem Körper, sich dort hinzulegen. Der Körper lag auf dem kratzenden Gesträuch, auf seinem Rücken krabbelten Insekten. Das tat dem Körper nicht gut. Die Ohren des Körpers hörten die Pfiffe der anderen, 50 Meter entfernt, unendliche Weite. Es war Samstag. Kein Mensch arbeitete auf den Feldern. Der Körper funktionierte nicht so, wie das Subjekt es wollte. Daraufhin strafte ihn das Subjekt. Der Körper zuckte zusammen. Er hatte zu gehorchen, sonst hätte er für immer in der Dobrudscha bleiben müssen. Für immer unter den Zweigen.

Ewigkeit.

Als alles vorbei war, kamen Babette und Franziska mit einer Flasche Wein in der Hand angerannt.

„Mein Gott, wir hatten schreckliche Angst um dich – du, das war eine Gewalttat, eine Gewalttat. Dein Hals ist voller blauer Flecke!“ Das Mädchen sah mich verstört und beängstigt an, während uns befohlen worden war, vom Auto ein Stück wegzugehen.

„Was wird dein Mann sagen, wird er dich schlagen?“

„Mein Mann, mich schlagen…“ ich wiederholte nur Bruchstücke. Ich musste erst wieder begreifen, wer ich war. Name, Alter und ja, der Personalausweis wurde mir wieder umgehängt. Da konnte ich ja nachsehen. Welch Glück!

Graue Wolkenfetzten kamen hinter dem geraden Feldhorizont hervor getrieben. In der Ferne donnerte es. Ein Gewitter zog auf. Und ich setzte mich langsam wieder zusammen.

Mein reines Gewissen, es nicht gewollt zu haben, passte nicht mehr zu meinem dreckigen Körper.

„Maschina kaputtt“. Vor der Straße meinte der Zigeuner, nicht mehr weiter fahren zu können. Er schmiss uns das Gepäck hinaus und fuhr los. Ich schrieb mir die Autonummer auf die Hand und schaute fassungslos der Staubwolke nach, die er hinterließ.

Misstrauen, nur noch Misstrauen allem und allen gegenüber hatte ich. Mein einst makelloses Bild von Bulgarien lag zertrümmert vor mir.

„Ich will nach Hause, nur noch nach Hause!“

Es war Samstag. Kein Mensch arbeitete auf den Feldern.

„Und wenn wir einen Unfall bauen würden, ich hätt‘ jetzt keine Angst vorm Sterben!“

Trostlos und verschwommen zeigte sich die Dobrudscha im Landregen. Es war, als ob der Regen versuchte, dieses Bild aufzuweichen, das sich nun vor meinen Augen wellte und verzerrte.

Ein Offizier brachte uns in seinem Auto bis Tolbuchin[2]. Er lachte und erzählte, während Babette und ich müde und zerschlagen im Halbschlaf auf dem Hintersitz lagen. Was wusste der Offizier schon! Was wusste er schon, was vorgefallen war.

Der Regen reichte nicht aus, um den Dreck hinweg zu spülen, er verschmierte nur und ließ mich als dreckiges Bündel umher laufen. Tolbuchin war eine Siedlung der Zigeuner, überall dunkle Gesichter, ihre Eselskarren und bunte Fetzen, ihre plärrenden Stimmen.

Aber Tolbuchin sollte nur eine Zwischenstation sein. Wir wollten vom Bahnhof aus mit dem Bus nach Silistra oder Ruse fahren.

Doch zuvor plagte uns der Hunger, den wir auf dem Bahnhof an einem der Stände stillen wollten. Das Angebot an Hörnchen, Brötchen und Kuchen war groß und mir fiel die Auswahl schwer. Franziska bat mich, für uns alle erst einmal zu bezahlen. Ich hatte dem Verkäufer meine Wünsche bereits geäußert, wollte mein Geld heraus holen – und konnte es nicht fassen – die restlichen 30 Lewa sowie die Lei für Rumänien waren weg. Ich wühlte hektisch mein Portmonee durch. Nichts, ich hatte nichts mehr. Geld im Wert von 200 Mark war weg. Und langsam fiel mir ein, welche Bewandtnis es damit gehabt hatte, als die Zigeuner uns nach seiner Tat für ein paar Minuten vom Auto fortgeschickt hatten. Mein Beutel mit den Platten

[2] Nach der Wende wurde die Stadt in „Dobritsch" umbenannt.

und dem Geld hatte im Auto gelegen. Das war ein weiterer Schlag, aber er konnte mich nicht mehr so hart treffen. Seltsamerweise gab ich mich schnell damit ab. Der Kuchenberg, den Franziska bezahlt hatte, lag vor mir und ich konnte keine einzige Stotinka beisteuern. Wir überlegten, ob wir zur Polizei gehen sollten, aber mir war inzwischen alles so egal geworden. Mich hatte eine Apathie befallen, die nur noch von einem Wunsch durchbrochen war, sich bald irgendwo zu waschen und nach Hause zu fahren. Jeder Mensch, der vorbei lief, erregte bei mir Misstrauen, war mir verdächtig und alles, was um mich geschah, ging mir ungeheuer auf die Nerven. Kein Mensch sollte uns noch ansprechen, es reichte mir von Bekanntschaften; ich wollte einfach nur meine Ruhe haben. Alles, was um mich herum geschah, nahm ich nur noch in Benommenheit wahr. Ein einziges Vor-sich-hin-Trotten. Und gerade, als ich mir bewusst machte, wie sehr es mich in den letzten Stunden getroffen hatte und die Angst über eventuelle Folgen des unerwarteten Zwischenfalls nicht unterzukriegen war, bemerkten Babette und Franziska Blicke, die vom Nebentisch zu uns herüber kamen. Ein verschmitztes Lachen, das einem Schelm gehören musste. Ein Lachen mit braunen, mandelförmigen Augen. Ganz anderes als das der Bulgaren oder der Zigeuner. Es schien auf unseren Tisch überspringen zu wollen. Ja, es lockte immer wieder zum Hinschauen, und das Gesicht mit dem Bärtchen, das nach oben gebogen war, verriet, dass es Anschluss suchte, dass es uns aus- und gleichzeitig anlachte. Ich reagierte sehr missgelaunt darauf und meinte mürrisch zu Babette, dass mir dieser Mensch vom Halse bleiben solle. Er warf jedoch nur ein paar Wörter über den Tisch zu uns herüber und starrte uns ununterbrochen an. Babette und Franziska reagierten weitaus freundlicher als ich, und so kam es, dass er seinen Stuhl an unseren Tisch stellte und ich, ob ich wollte oder nicht, mich langsam zusammenreißen musste, auch wenn ich durchaus nicht in der Lage war, mich von den letzten Stunden auf dem Feld gedanklich zu trennen. Damit waren die Weichen gestellt für die nächste Bekanntschaft, die allerdings vom ersten Moment an rein kameradschaftlich wirkte. Und so glaubten wir fest, dass uns jener junge Mann nur helfen wollte. Salim war plötzlich aufgetaucht, war nur noch für uns da und keinem war klar, was er eigentlich in Tolbuchin trieb und wieso er für uns Zeit hatte. Er stellte Fragen über Fragen und war ein ungewöhnlich interessierter Mensch mit undurchsichtiger Herkunft. Er sagte, er wäre Türke, aber in seinem Ausweis musste er unter einem anderen Namen laufen.

Salim ging mit uns aus dem Bahnhof. Draußen feierten Zigeuner Hochzeit. Und ständig, nachdem er uns Fragen, die zum Teil provozierend klangen, gestellt hatte, schüttelte er seinen Kopf und rief laut: „Kinder, Kinder. Die Menschen sind schlecht!“

Auf der Bank vor einer kleinen Moschee erzählte er uns, dass der muslimische Glauben seine Religion sei. Immer wieder rief er uns auf: „Erzählt doch, erzählt doch! Wie lebt es sich bei euch?“ Er wollte alles bis ins Detail wissen, hörte aufmerksam zu und lachte spitzbübisch, bis er plötzlich mit starkem Akzent skandierte:

„Deutschland, Deutschland über alles!“ Dann sah er uns groß an und lachte rätselhaft.

Wir wussten nicht, wie wir reagieren sollten. Aber dies schien das Einzige zu sein, was ihn mit dem Gedanken an Deutschland einfiel und ihn nicht losließ.

Es fuhr kein Bus mehr in Richtung rumänische Grenze. Zugverbindungen gab es von Tolbuchin aus nicht.

„Wisst ihr was, Kinder – fahrt doch mit mir nach Hause nach Tervel und morgen früh fährt dort dann ein Bus nach Ruse!“

Ist es überhaupt vorstellbar, dass wir nach diesen Ereignissen zustimmten, auch wenn wir eine Weile überlegten? Aber was hätte es genutzt, auf dem Bahnhof zu bleiben. Hier gab es nur Zigeuner, und in Tervel hatten wir ein Dach über dem Kopf. Außerdem wollte Salim weiteres von unserem Leben erfahren; sein Wissensdurst war unermesslich. Er war schlau, gewitzt, aber all seine Fähigkeiten halfen ihm nichts – er konnte nicht ausbrechen aus seiner Welt, die wir kurz darauf kennen lernten.

Wir warteten vorm Bahnhof im Regen auf den Bus. Wahrscheinlich bemerkte Salim, dass ich müde, mit aufgestütztem Kopf da saß und vor mich hinstarrte. Dann wandte er sich zu mir: „Und du – du hast die letzte Nacht nicht geschlafen? Na, na!“ Er lachte schelmisch und zeigte auf meinen Hals.

„Da, die blauen Flecke, na?“ Babette und Franziska erzählten ihm so gut sie konnten, was vorgefallen war, und seine Reaktion empfand ich als überaus unpassend. Er lachte hell auf und konnte wieder nichts anderes dazu sagen als:

„Kinder, Kinder, das Leben ist schlecht.“ Mir war nicht im Geringsten zum Lachen zumute, und so konnte ich mich auch nicht zu einem Lächeln durchringen.

Es war schon dunkel, als der Bus kam und wir etwa eine Stunde lang im monotonen Geräusch des niederprasselnden Regens fuhren. Salim erzählte uns von seinem zu Hause. Er lebe allein mit seinem Vater, und wir sollten nicht allzu viel von dem Haus erwarten. Es wäre nur sehr klein, und es machte fast den Eindruck, als schäme er sich dafür. Er hatte vor, so sagte er, sich noch lange mit uns zu unterhalten. Immer mehr wollte er wissen. Aber ich offenbarte Salim gleich, dass ich mich schlafen legen möchte.

„Ach!“ meinte er und zeigte wieder auf meinen Hals. Traurig stellte ich fest, dass ich überall an den Vorfall erinnert wurde. Auf der Fahrt erfuhren wir, dass er von Beruf Schlächter sei.

Schlammbäche stürzten die Straße herunter, als wir in Tervel angekommen waren und im Dunkeln einen Hügel hinauf liefen.

„Seid leise, redet nicht so laut, es darf keiner merken, dass Fremde hier sind“, mahnte Salim geheimnisvoll, und er wollte uns nicht so recht erklären, warum.

Überall standen kleine Katen, in denen zum Teil noch Licht brannte. Wir liefen durch Pfützen, und der Schlamm klebte an den Sandalen. Salim bog nach links ab, wartete auf uns und mahnte noch einmal, ganz leise zu sein. Langsam öffnete er die Tür eines winzigen, niedrigen Hauses. Wir stellten unsere Schuhe draußen im Regen ab, denn durch die Tür ging es sofort in die Stube.

Man musste sich bücken, um durch die Tür zu gelangen. Salim trat als erster in den kleinen Raum, dessen Decke mit roter Lackfarbe bestrichen und primitiv eingerichtet war. Wenn alles fehlte, aber ein Fernseher war vorhanden, und ein zahnloser Alter starrte in die Röhre, wo halbnackte Tänzerinnen herum sprangen. Da hörten wir zum ersten Mal, wie Türkisch klang, denn Salim sprach mit seinem Vater und machte ihm klar, dass wir über Nacht bleiben würden. Kurz darauf verschwand der Alte ohne uns zu beachten in einem Hintertürchen, das aussah, als führe es zu einem Stall. Neben dem kleinen Raum, in dem außer dem Fernseher noch ein Bett stand, über dem das Bild der verstorbenen Mutter hing, befand sich noch eine kleine Stube, deren Decke ebenfalls rot gestrichen war. Ein Sofa und eine Sitzbank, bezogen mit orientalischem Stoff, schufen ein gemütliches Bild in gedämpftem Rotlicht. Doch bevor ich in meinen wohlverdienten Schlaf sinken wollte, musste ich mich endlich waschen. Schon beim Betreten des Hauses hatte ich befürchtet, sicher nicht die besten sanitären Anlagen anzutreffen. Dennoch, nie hätte ich erwartet, wie es wirklich war. Salim führte uns aus dem Haus zu einem Holzschuppen, der aussah, als würde er jeden Moment zusammenbrechen, öffnete die knarrende Tür – und gut war sein Hinweis, dass dies die Toilette sein sollte, denn ich hätte jenes etwa zehn Zentimeter breite, ins morsche Holz gesägte Loch auf dem Boden eher als ein von Ratten zernagtes Stück Holz angesehen. „Ja, und zum Waschen, da ist auch nicht viel", kündigte uns Salim an. Ein Wasserhahn, aus dem kaltes Wasser tropfte. Das half mir so gut wie gar nicht.

Ich setzte mich vor den Fernseher, während Salim Babette und Franziska die Waschstelle zeigte. Dann kam Salim herein. „Deutschland, Deutschland über allem…", setzte sich neben mich und legte seinen Arm um mich und begann mich ganz sanft, wie keiner der Bulgaren zuvor, zu küssen. Ich glaubte, erstarren zu müssen, weil ich niemals erwartet hätte, dass Salim im Grunde genommen nur eine Fortsetzung aller bisherigen Bekanntschaften war. Als Babette und Franziska zur Tür herein kamen, winkte ich sie zu mir und wollte ihnen die neuesten Informationen übermitteln, aber sie lachten nur und winkten ab.

„Ach, das haben wir gerade auch bemerkt."

„Na, das kann ja wunderbar werden, als ob ich nicht schon genug davon hätte", dachte ich.

Salim sagte uns, sein Vater hätte gefragt, ob wir Faschisten seien. Pfeifend holte er ein großes Brot und eine Schüssel mit Pfirsichkompott, das seine Schwester, die in Tervel verheiratet war, eingeweckt hatte. Wir saßen auf dem Sofa an dem großen Holztisch und löffelten im Schein des roten Lichtes alle drei Pfirsiche aus der Schüssel und brachen große Brocken Brot ab.

Salim sagte uns, was Brot und Wasser auf Türkisch hieße. Es fiel uns schwer, diese Wörter auszusprechen.

Bald beschlossen wir, uns schlafen zu legen. Wir lagen eng aneinander auf dem Sofa, wie drei Hühnchen in der Pfanne. Salim war im Nebenzimmer. Ich war gerade beim Einschlafen, als Salim zu uns kam, sich auf das Bett setzte und tief atmete. Er streichelte Franziska. Sie protestierte.

„Versteht doch – ich kann nicht schlafen, wenn ich weiß, dass drei Frauen hier liegen.“ Er fasste sich ans Herz. „Hier - ich bin ganz munter. Ich bin doch auch nur ein Mann“.

Nach unseren Abweisungen ging er zurück. Die Tür knarrte. Ich versuchte wieder einzuschlafen. Wie gut, dass ich ganz an der Wand lag und nicht an der Kante! So konnte er mich wenigstens in Ruhe lassen. Es dauerte nicht lange, da erschien er wieder und legte sich in Unterhemd und Unterhose auf die Bank. Dann stand er auf und setzte sich erneut.

„Ich kann nicht schlafen.“ Er versuchte, an jede von uns heran zu kommen und war dabei auch ziemlich zurückhaltend, aber er setzte alles daran, uns vom Schlaf abzuhalten.

Ich glaubte verrückt zu werden. Ich kam nicht zum Einschlafen.

„Und, wie ist es mit deiner Religion? Hm?“ Ich kniete im Bett und ahmte das Beten zu Allah nach.

„Welche Religion?“, fragte er, als wüsste er nicht, was gemeint wäre. Er kroch zu uns auf das Sofa. Und immer wieder ließ er sein: „Deutschland…“ hören. Wenn wir Deutsch redeten, äffte er unsere Sprache nach, wobei seltsame Laute heraus kamen. Die ganze Szene war, da sie wie ein Tauziehen wirkte, zum Lachen. Ich konnte jedoch nicht lachen, denn in meinem Bauch hatte ich auf einmal seltsame Schmerzen, glaubte jedoch, dass diese verschwinden würden. Mir fiel ein, dass ich mich schlafend stellen könnte und drehte mich zur Seite.

„He, schläfst du?“, fragte Babette nach einer Weile, nachdem ich nichts mehr gesagt hatte. „Sie schläft“, sagte sie zu Franziska.

An Babettes Reaktion merkte ich, dass Salim sich wieder näherte. Verzweifelt suchten Babette und Franziska nach Worten auf Russisch und meinten:

„Ach, wenn sie doch wach wäre. Was hieß es nur gleich?“ Sie drückten sich mit völlig falschen Worten aus. Ich musste fast lachen über den Unsinn und hätte ihnen gerne geholfen, aber nur so glaubte ich endlich Ruhe finden zu können.

Babette und Franziska wiesen Salim mit harten Worten ab: „Du bist kein guter Mensch!“ Das war zu viel für Salim und es schien ihn hart getroffen zu haben. Ich hörte nur, wie er spitz sagte:

„Ihr seid auch keine guten Menschen!“ Die Tür knallte zu. Auf einmal hatten wir schreckliche Angst. Franziska holte tief Luft und flüsterte nur noch: „Wenn er jetzt sein Fleischermesser holte…!“ Auch mir war es nicht geheuer. Jene Reaktion hatte so wütend und verletzt geklungen, und nach all den Erlebnissen sah ich nichts mehr für ausgeschlossen an. Für Minuten herrschte unheimliche Stille. Zwar tat ich so, als schliefe ich, aber was nutzte es im Endeffekt. Es war ein Deckmantel, nur eine misslungene Flucht vor sich selbst, vor der eigenen Angst.

„Schläfst du?“, fragten sie wieder. Ich knurrte und gestand gequält: „Mh, versteht doch, ich brauche meine Ruhe, ich tu‘ bloß so. Verratet es ihm nicht.“

Salim kam und sprach mit den beiden. Er fragte nach mir und glaubte nicht, dass ich schlief.

„Nein, nein, die schläft nicht. Das sehe ich!“

Nun gut, aus das Spiel. Er schalte das Licht an. Unglaublich. Er ließ uns keine ruhige Minute.

„Los, bring noch ein Glas Kompott!“, rief ich aus dem Bett, um wenigstens noch etwas von diesem nächtlichen Intermezzo zu haben. Mir war inzwischen völlig egal, ob ich frech war oder nicht. Je später es wurde, desto mehr verlor ich das Taktgefühl und die Geduld. Er holte ein Glas. Binnen weniger Minuten hatten wir alles vertilgt und tranken genießerisch den Saft.

Bevor ich den nächsten Anlauf zum Schlafen nahm, verspürte ich das Bedürfnis, verschwinden zu müssen. Doch ich wusste, Salim würde mir folgen, und andererseits wollte ich Babette und Franziska nicht allein lassen.

Es muss schon sehr spät gewesen sein und in diesem Moment, als mir klar wurde, dass man mich offensichtlich um den Schlaf bringen wollte, gingen mir die Nerven durch. Ich sprang aus dem Bett mitten in die Stube und schrie zu Babette, Franziska und Salim, die wie Zuschauer auf dem Sofa saßen und mich groß anschauten:

„Ja seid ihr denn alle wahnsinnig? Soll ich euch hier mitten ins Zimmer machen, ja? Naaa!“ Ich lachte, aber eher ironisch und verzweifelt.

„Hab ich nicht schon genug abbekommen? Brauche ich nicht endlich meine Ruhe? Nicht in einer Nacht kann man ruhig schlafen. Auf Bahnhöfen, in fremden Wohnungen. Ha - wen wundert es, wenn ich da wie eine ausgequetschte Zitrone aussehe. Puh!“ Ich kleidete meine Worte in bitteres Lachen, war aber fest von der Richtigkeit des Vergleichs mit einer ausgequetschten Zitrone überzeugt.

„Na, was ist? Oh, mein Gott, lasst mich doch endlich, endlich in Ruhe!“ Ich tappte zur Tür und erledigte mein Geschäft direkt neben der Tür auf den Stufen zur Stube.

Wir waren bestimmt nicht mehr weit vom Morgen entfernt, als wir wieder zu dritt, eng aneinander gepresst, im Bett lagen. Salim war aufgestanden und schüttelte den Kopf:

„Wisst ihr, was? Ich habe viele Frauen kennen gelernt. Frauen verschiedener Länder. Italienerinnen, Französinnen, Türkinnen – aber ihr deutschen Frauen – ihr seid die seltsamsten, die mir je begegnet sind!“ Mit diesen Worten gab er Ruhe.

Am Morgen packten wir alles zusammen und setzten uns vor die Kate an einen Holztisch, um gemeinsam zu frühstücken. Salim kümmerte sich nun fast nur noch um mich. Der alte Vater brachte als Frühstück für jeden einen Teller mit warmer Milch, in die Brocken Weißbrot hinein getunkt wurden, dazu Zucker. Eine dicke Türkin mit Schürze kam vorbei, lächelte, strich sich über ihre fetten Schenkel und schaute uns bewundernd an, als kämen wir aus einer anderen Welt. Wir versuchten „Brot“ auf Türkisch zu sagen, was uns nicht ganz leicht fiel.

Als wir mit unserem Gepäck durch die ghettoähnliche Siedlung zogen, die den Anschein machte, als wäre die Zeit hier vor 100 Jahren stehen geblieben, standen in den Gärten überall barfüßige Kinder und Frauen mit ihren Kindern auf den Armen. Sie standen staunend da. Salim trug meine Kraxe, und als wir die Straße zum Bus hinunter liefen, fragte ein Vorbeikommender:

„He, Salim, wohin gehst du?“ Und nie vergesse ich, wie Salim die Hand zum Gruß hob und übermütig rief: „Nach Amerika“. Und er zog mit uns davon wie ein Glückssucher. Dennoch war Traurigkeit in diesem „Nach Amerika“. Abgesehen davon, dass auch wir nicht dorthin konnten, waren ihm ebenfalls auf geistigem Gebiet Grenzen gesetzt, um auszubrechen. Salim war zwar seiner Umwelt weit voraus, aber er konnte seinem Milieu nicht entkommen.

An diesem Sonntag hatte sich Salim einfach die Zeit genommen, die 100 Kilometer mit uns nach Ruse zu fahren und uns zur Grenze zu bringen. Grinsend kaufte er mir eine Tafel Schokolade, setzte sich im Bus neben mich, und ich träumte in seinem Arm, während wir durch den endlosen Regen fuhren. Der Himmel war wohl ein defektes Dach.

Als wir in Ruse ankamen und drei Stunden Zeit hatten, bis unser Zug nach Bukarest fahren sollte, wartete Salim mit uns, obwohl wir kaum noch mit ihm sprachen. Wir setzten uns in die Halle und gaben ihm ein Buch, denn er interessierte sich für die deutsche Sprache. Er wartete mit uns, obgleich er wusste, dass er dann am gleichen Tag nicht mehr zurückfahren konnte.

Ein Junge und ein Mädchen aus den USA, die zusammen eine achtwöchige Europa-Tour machten, warteten mit uns. Der Junge schrieb Tagebuch. Ich unterhielt mich mit Kareen, dem Mädchen, und sie wunderte sich über Salim. Ich meinte: „Er scheint viel Zeit zu haben."

„It seems so", sagte Kareen mit dem breitesten Leinwandlächeln.

Wir hatten einige Karten an einige Leute, die uns vor Salim begegnet waren, geschrieben. Der Zug nach Moskau über Bukarest stand bereit. Salim stand am Bahnsteig und durchs Fenster reichten wir ihm die geschriebenen Karten, die letzten Grüße aus Bulgarien. „Vergiss nicht, sie einzustecken!" Und wir gaben sie in seine Hände. Hinter seinem Lächeln steckte ein Anflug von Schwermut. Wir fuhren aus seinem Land, er kehrte in sein Ghetto zurück. Wir nahmen uns fest vor, ihm ein deutschsprachiges Wörterbuch zu schicken und vergaßen es.

Jene aufzuspulenden Entfernungen waren nun aufgewickelt als hinter uns liegende. Das, was jetzt noch vor uns lag, war eine Art „Abspann“. Er glich dem Ende eines Klebebandes, das sich durch das Erscheinen des schmalen Papierstreifens, der eigentlich keine Klebe-Funktion mehr hat, bemerkbar macht.

Nur wenige Stunden hielten wir uns in Bukarest auf. Um ein Haar hätten wir den Balt-Orient- Express nicht mehr erreicht, da man uns in einem Restaurant Essen aufschwatzen wollte, das wir gar nicht bestellt hatten.

Unser Heimkehr-Vorsprung betrug nun etwa sechs Tage.

Es war morgens halb vier, als ich noch im Dunkeln in den heimatlichen Hof eintrat, das Ticken wohlbekannter Wecker hörte, und das offene Fenster vom Schlafzimmer meiner Eltern wahrnahm, die mich 2000 Kilometer entfernt vermuteten.

Ohne lange zu überlegen, legte ich mich in meinen Schlafsack neben einen Trampelpfad, um von ihnen am Morgen unter den Wäschestangen wie ein vom Himmel gefallenes Bündel entdeckt zu werden.

Und während ich einschlief, hörte ich die überreifen Äpfel von meinem geliebten, großen Apfelbaum herunter kullern, hörte, wie sie nach ihrem dumpfen Aufschlag noch ein Stück auf den Garagenhof rollten und dort in wohltuender Ruhe ihre Endpositionen fanden.

Da wusste ich, dass ich lange Zeit von zu Hause weg gewesen war.

Andrea Wechsler

- geboren am 17.05.1964 in Dresden,
- Lehrerin für Deutsch, Russisch und Deutsch als Zweitsprache sowie Fremdsprachenkorrespondentin für Englisch und Spanisch,
- schreibt seit ihrer Jugendzeit insbesondere Lyrik, aber auch Erzählungen und Reisereportagen;
- lebt mit ihren zwei Kindern und ihrem Lebenspartner in Dresden;
- hat sich neben dem Schreiben auch dem Marathonlaufen und dem Bergwandern verschrieben

- Die hier abgedruckten Erzählungen schrieb Andrea Wechsler 1983 im Alter von 19 Jahren.